LE MANTEAU D'ARLEQUIN

*Théâtre français*
*et du monde entier*

*Ludmila Oulitskaïa*

# *Confiture russe*

PIÈCE EN TROIS ACTES
SANS ENTRACTE

*Traduit du russe*
*par Sophie Benech*

*nrf*

*Gallimard*

*Titre original :*

РУССКОЕ ВАРЕНЬЕ

## *Avertissement de la traductrice*

*L'auteur a qualifié sa pièce de « post-tchékhovienne », et de « confiture préparée avec divers ingrédients pris dans les pièces de Tchekhov ». De fait,* Confiture russe *peut être lu comme une parodie ou une transposition dans les années 2000 d'un pot-pourri de* La Cerisaie *et des* Trois Sœurs.

*Le cadre pourrait être la cerisaie en ruines, les personnages pourraient être ceux de Tchekhov ou leurs descendants – l'oncle, les trois sœurs… Le nom même de Lépiokhine, l'oncle et le propriétaire de la datcha, est une déformation de Lopakhine, le marchand qui rachète la propriété dans* La Cerisaie.

*Le texte est émaillé de citations cachées et même de jeux de scène tirés de ces pièces. Nous avons essayé de signaler les plus flagrants, facilement décelables par des lecteurs ou des spectateurs russes, dans des notes placées à la fin du texte. Il se peut néanmoins que certaines citations nous aient échappé.*

## PERSONNAGES

ANDREÏ IVANOVITCH LÉPIOKHINE (DIOUDIA), *67 ans, professeur de mathématiques à la retraite*
NATALIA IVANOVNA (NATACHA), *60 ans, sa sœur*
ROSTISLAV (ROSTIK), *40 ans, fils aîné de Natalia*
VARVARA (VARIA), *32 ans, fille aînée de Natalia*
ÉLÉNA (LIOLIA), *30 ans, deuxième fille de Natalia*
LISA, *19 ans, fille cadette de Natalia*
ALLA, *alias Evdokia Kalouguina, 39 ans, femme de Rostislav*
KONSTANTIN (KOSTIA), *30 ans, mari d'Éléna*
MARIA YAKOVLEVNA (MAKANIA), *60 ans, sœur du défunt mari de Natalia, vit avec eux et s'occupe de la maison*
SÉMYONE-LE-BRICOLEUR, *40 ans, un homme simple*

L'action se déroule en 2002 dans un village d'académiciens. La datcha, héritée de l'académicien Ivan Lépiokhine, est aujourd'hui habitée par ses deux enfants, Andreï Ivanovitch (oncle Dioudia) et Natalia Ivanovna, et par les trois filles de cette dernière, ainsi que par Konstantin, le mari de sa deuxième fille. La maison est tenue par Maria Yakovlevna, sœur du défunt mari de Natalia Ivanovna. Natalia est en train de travailler sur une grosse commande : elle traduit en anglais l'œuvre en douze tomes d'Evdokia Kalouguina, la femme de son fils Rostislav.

Le spectacle se déroule sur une musique disparate et complexe qui doit finir par composer une véritable symphonie constituée d'éléments divers : le cliquetis de la machine à écrire sur laquelle travaille Natalia, la musique de l'ordinateur produite par Konstantin et ensuite, une fois que l'ordinateur est définitivement hors d'usage, celle de sa batterie, les grincements suspects d'un lit de camp qui deviennent par moment carrément inconvenants, les miaulements d'une chatte en chaleur, les vibrations d'un marteau-piqueur, des bris de vaisselle et autres bruits de la vie quotidienne : chasse d'eau, objets qui tombent, cloches du monastère voisin, sonneries de téléphone, surtout du portable de Lisa, crissements de freins et grondements des bulldozers. Bien entendu, tous ces bruits ne couvrent pas les dialogues.

L'éclairage varie au cours du spectacle, depuis la lumière électrique jusqu'à celle des bougies et des lampes de poche. Dans la dernière scène, on peut imaginer des lumières intermittentes, comme dans une discothèque.

# ACTE I

*Un salon dans une vieille datcha délabrée. Il y a plusieurs portes. Un escalier menant à une mezzanine. C'est la nuit. On ne distingue pas les détails mais quand la lumière s'allumera, on découvrira le délabrement général. Il ne reste presque plus aucun carreau intact aux fenêtres et aux portes vitrées, certains sont remplacés par des planches, d'autres rafistolés avec du papier collant. Un buffet. Une table. Une étagère remplie de livres. Une table avec un ordinateur. Un piano. Un rocking-chair. Une machine à coudre – une antiquité. De temps en temps, on entend les miaulements d'une chatte en chaleur. Au mur, un portrait de Tchekhov.*
*Au début, on ne voit rien. La scène reste plongée dans l'obscurité pendant un long moment. Puis surgit Andreï Ivanovitch en robe de chambre, une bougie à la main. Il ressemble davantage à un vieil acteur de cinéma (peut-être à Marcello Mastroianni) qu'à un professeur. Il s'approche du buffet, ouvre la porte, prend une carafe et se verse un petit verre. On entend un bruit de chasse d'eau. Il s'immobilise. Des pas qui approchent.*

ANDREÏ IVANOVITCH

À la vôtre, Andreï Ivanovitch ! (*Il avale son verre en*

*vitesse. La porte ouverte du buffet se détache et tombe par terre en cassant la carafe.*) Oh, zut !

*Entre Natalia Ivanovna, elle aussi en robe de chambre, avec une bougie.*

NATALIA IVANOVNA

Dioudia ! Qu'est-ce que tu as cassé ?

ANDREÏ IVANOVITCH

C'est cette satanée porte ! Elle est encore tombée ! Il faudrait quand même faire venir quelqu'un, à la fin...

NATALIA IVANOVNA (*en ramassant un gros morceau de verre*)

Oh ! La carafe de papa ! Dioudia ! C'était la dernière ! Elle est cassée...

ANDREÏ IVANOVITCH

Qu'est-ce que tu veux qu'on y fasse, Natacha ? Elle est cassée, bon, eh bien, elle est cassée... Pardonne-moi !... Ça recommence, il n'y a plus d'électricité ! Il faudrait appeler un électricien...

NATALIA IVANOVNA

Tu ne devrais pas boire de la vodka pendant la nuit.

ANDREÏ IVANOVITCH

Et voilà ! C'est de la faute de la vodka maintenant... Si tu demandais à Sémyone, votre fameux bricoleur, de nous réparer ça...

NATALIA IVANOVNA (*elle s'assied, le visage dans les mains*)

Pourquoi moi ? Pourquoi est-ce moi qui dois tout faire, ici ? Mon Dieu, si tu savais comme je suis fatiguée... Je passe ma vie à travailler comme une bête de somme. Sans relâche. Je n'ai pas pris un seul jour de repos depuis l'âge de dix-sept ans… Pauvre carafe !

ANDREÏ IVANOVITCH

Allez, Natacha, tu ne vas pas en faire une maladie… On s'en fiche, de cette carafe !

NATALIA IVANOVNA

Cela n'a rien à voir avec la carafe ! C'est toute ma vie qui est perdue ! Mes plus belles années !

ANDREÏ IVANOVITCH

Allez, voyons, ne te mets pas dans un état pareil… Si on buvait plutôt quelque chose, hein ? On va chercher, il doit bien y avoir un petit verre quelque part…

NATALIA IVANOVNA (*elle examine l'éclat de verre*)

Non, ce n'était pas la carafe de papa, c'était celle de grand-père… Mais qu'est-ce que tu as besoin de boire des petits verres pendant la nuit? Dire que je passe mes journées devant cette machine à écrire… Que j'ingurgite ces navets, que je les fais passer à travers mon âme…

ANDREÏ IVANOVITCH

Tu vois, ça, ça dépend des gens… Moi, mon âme, elle a besoin de petits verres… Même pas des grands, juste des petits…

*Il se penche pour ramasser les bouts de verre.*

NATALIA IVANOVNA

Attention ! C'est du verre ! N'y touche pas, pour

l'amour du ciel ! Tu vas te couper... Les filles ramasseront ça demain, quand ils auront remis l'électricité.

ANDREÏ IVANOVITCH

Aïe ! (*Il se lèche le doigt.*)

NATALIA IVANOVNA

Et voilà, tu t'es coupé ! Qu'est-ce que je t'avais dit !... J'ai des insomnies. J'ai de la tension... Mon Dieu, comme je suis fatiguée ! Il est déjà trois heures du matin. Et je n'arrive pas à dormir. Ma nuit est fichue. Tout est fichu. Ma jeunesse est fichue !

ANDREÏ IVANOVITCH (*en suçant son doigt*)

Si tu continues à pleurnicher comme ça, ta vieillesse aussi sera fichue...

*Natalia se dirige vers la table.*

ANDREÏ IVANOVITCH

Attention ! Le parquet !

*Elle fait un détour pour contourner l'endroit dangereux.*

NATALIA IVANOVNA

Il y a toujours une chaise à l'envers, ici ! Qui est-ce qui l'a enlevée ?

*Elle s'assied et enfouit sa tête dans ses mains. Andreï Ivanovitch s'approche d'elle et lui caresse l'épaule.*

ANDREÏ IVANOVITCH

Allez, Natacha... Je t'en prie ! Tu es notre roc, c'est sur toi que tout repose. Reprends-toi en mains, voyons !

NATALIA IVANOVNA

Pardonne-moi, Dioudia. Un instant de faiblesse... Mais c'est toi, l'aîné... Le grand frère ! À qui est-ce que je pourrais bien me plaindre, sinon à toi ? Tu te rends compte, il n'y a pas si longtemps, on était encore des enfants, on courait dans le jardin... On faisait de la balançoire... Tu te souviens, tu me poussais tellement fort que la balançoire faisait un tour complet sur elle-même...

*On entend les grincements rythmés d'un lit de camp et des gémissements.*

ANDREÏ IVANOVITCH

Bien sûr que je me souviens ! Ensuite, elle a servi à tes enfants, cette balançoire.

NATALIA IVANOVNA

Elle était à gauche de la maison. La partie gauche de la datcha avait été détruite pendant la guerre. Une bombe était tombée juste dessus. Mais la partie droite n'avait pas été touchée. Les voisins disaient qu'il fallait tout détruire et en reconstruire une nouvelle. Mais papa a été très ferme : « Non, tout ce qui est resté intact, on le gardera ! Cette maison a été construite par mon père, ce n'est pas moi qui vais la détruire ! »

ANDREÏ IVANOVITCH

Tu te souviens de ça ?

NATALIA IVANOVNA

C'est maman qui me l'a raconté. On a rebâti tout le village à l'époque, même les maisons qui n'avaient pas été touchées. C'étaient des prisonniers de guerre allemands qui construisaient… Mais papa n'a pas voulu…

ANDREÏ IVANOVITCH

Oui, oui, c'est vrai, ça… Il a tout remis en état à ce moment-là… L'orangerie, la serre…

NATALIA IVANOVNA

Papa était un saint homme… Dans son genre… Ça me fait de la peine pour la carafe…

ANDREÏ IVANOVITCH

Et voilà, c'est reparti…

*Les grincements du lit s'arrêtent. On entend des pas, puis la chasse d'eau. Et de nouveau des pas.*

NATALIA IVANOVNA

Bon, je vais essayer de dormir. Ne touche pas aux morceaux de verre. Tu n'as qu'à mettre une chaise pour que personne ne marche dessus dans le noir. Avec Lisa qui se promène tout le temps pieds nus…

*Natalia Ivanovna embrasse son frère et sort. Il farfouille avec précaution dans le buffet, trouve ce qu'il cherche, on entend un liquide glouglouter. Il boit en douce. Puis il retourne une chaise et la pose à l'envers devant le buffet… La lumière se rallume brusquement, éclairant toute la maison.*

ANDREÏ IVANOVITCH

Ça alors ! Voilà qu'ils nous remettent la lumière en pleine nuit, maintenant... Oh, là, là ! Je ne tiens plus debout, moi...

*Maria Yakovlevna sort des toilettes, un châle pardessus sa robe de chambre.*

MARIA YAKOVLEVNA

Bonjour, Andreï Ivanovitch ! J'ai l'impression que c'est encore bouché... L'eau ne s'écoule pas très bien. Enfin, au moins, ils ont remis l'électricité !

ANDREÏ IVANOVITCH

Bonjour, Maria Yakovlevna... À vrai dire, comme je ne me suis pas encore couché, pour moi, c'est plutôt le soir ! J'ai cassé une carafe. Vous pourrez dire aux filles de ramasser les morceaux ?

MARIA YAKOVLEVNA

Lisa avait promis de me rapporter une centaine d'œufs. Et toujours pas de Lisa, toujours pas d'œufs...

ANDREÏ IVANOVITCH

Une centaine d'œufs ? Pour quoi faire ?

MARIA YAKOVLEVNA

Comment ça, pour quoi faire ? Mais c'est Pâques ! Je vais faire des *koulitchs*, des gâteaux de Pâques !

ANDREÏ IVANOVITCH (*en soupirant*)

Dire que c'était Noël il n'y a pas longtemps, et qu'on est déjà à Pâques !

*Maria Yakovlevna prend un balai, se met à balayer les bouts de verre, les ramasse. On entend le bruit d'une voiture qui arrive. Andreï Ivanovitch regarde par la fenêtre sombre.*

MARIA YAKOVLEVNA

Les petits, je ne peux pas les ramasser sans mes lunettes… Où sont mes lunettes ?

ANDREÏ IVANOVITCH

Voilà la voiture de Lisa ! Elle est rentrée !

MARIA YAKOVLEVNA

C'est quand même épouvantable ! Cette petite n'a que dix-neuf ans, et elle se promène en voiture toute seule en pleine nuit ! Quelle vie de fous ! Si mon frère Nikolaï était vivant, jamais il ne permettrait ça !

ANDREÏ IVANOVITCH

Oui, et le pire là-dedans, c'est justement qu'elle est toute seule…

MARIA YAKOVLEVNA

Non, vraiment, je ne comprends pas ça ! Acheter une voiture à une enfant…

ANDREÏ IVANOVITCH

C'est Rostislav qui la lui a achetée. C'est un homme généreux, il a le cœur sur la main. Et Lisa est sa petite sœur chérie…

*La porte s'ouvre. Entre une petite boulotte pas très jolie habillée en punk, les cheveux teints en bleu-*

*vert ou peut-être même rasée. Elle serre contre son cœur quatre boîtes remplies d'œufs.*

MARIA YAKOVLEVNA

C'est à cette heure-ci que tu rentres, Lisa ?

LISA

Je suis tombée en panne sur la route. Alors, tu ne me félicites pas, Makania ? Je t'ai rapporté ta centaine d'œufs !

*Elle se dirige vers la lame de parquet cassée.*

ANDREÏ IVANOVITCH ET MARIA YAKOVLEVNA (*ensemble*)

Attention ! Le parquet !

*La lame du parquet bascule, Lisa trébuche et laisse tomber les œufs.*

MARIA YAKOVLEVNA

Qui a enlevé la chaise ? Il y a toujours une chaise, ici ! Andreï Ivanovitch ! C'est vous qui l'avez changée de place, évidemment…

LISA

Oh, *shit*! Ils sont tous cassés !

MARIA YAKOVLEVNA

Quel dommage !… Tu ne t'es pas fait mal au moins, ma chérie ?

ANDREÏ IVANOVITCH

Dis donc, Lisa, j'ai l'impression que tu es un peu… Non ?

LISA

Dioudia ! Comment peux-tu penser une chose pareille ! (*Elle pouffe.*)

*Maria Yakovlevna se met à genoux et ramasse les boîtes remplies d'œufs cassés.*

MARIA YAKOVLEVNA

Ce n'est pas grave, on va les ramasser ! Ils ne sont pas tous cassés. Ceux qui sont intacts, on les peindra. Pour les *koulitchs* et la *paskha*, cela n'a aucune importance qu'ils soient cassés… Lisa, va me chercher un saladier dans la cuisine… Mes lunettes… Où est-ce que j'ai bien pu mettre mes lunettes ?

*Lisa se dirige vers la cuisine en zigzaguant.*

LISA

Prendre quatre douzaines d'œufs, les casser, ajouter quatre verres de sucre en poudre très fin, remuer avec une cuillère en bois jusqu'à ce que ça devienne tout blanc. Mélanger au levain et ajouter cinq livres du meilleur beurre estonien…

ANDREÏ IVANOVITCH

Ah, ma nièce ! Mon adorable nièce ! Viens ici que je t'embrasse…

*Lisa revient de la cuisine avec un saladier qu'elle donne à Maria Yakovlevna, celle-ci ramasse le magma d'œufs cassés à pleines mains… Puis elle prend une chaise, la retourne et la pose à l'envers au-dessus de l'endroit où on voit briller les débris d'œufs.*

MARIA YAKOVLEVNA

Attention, ça glisse, ici. Pour l'instant, je mets une chaise pour que personne ne marche dessus...

*Lisa sort de son sac une tablette de chocolat et en mange un morceau.*

MARIA YAKOVLEVNA

Lisa ! Retiens-toi, voyons !

ANDREÏ IVANOVITCH

Makania ! Vous ne croyez pas que ce n'est pas très hygiénique... De ramasser ça par terre...

MARIA YAKOVLEVNA

Je ne vais quand même pas donner une centaine d'œufs aux cochons, non ? Et puis, qu'est-ce que l'hygiène vient faire là-dedans ? Premièrement, ça va subir un traitement thermique, et deuxièmement, de toute façon, Varia ira faire bénir les *koulitchs* à l'église... Si bien que tout ça sera très diététique...

LISA

Et pétrir, pétrir jusqu'à ce que... Jusqu'à ce que cette bonne vieille Mère Michel en ait plein le cul ! *Shit* !

MARIA YAKOVLEVNA

Lisa !

*Le téléphone portable de Lisa sonne. Elle le sort de son sac et monte l'escalier qui mène à la mezzanine. Nouvelle crise de miaulements de la chatte.*

LISA (*au téléphone*)

Comme c'est bien que tu téléphones ! Je suis toute seule, justement… Tu as une de ces voix… Mmmmh ! Très excitante…

*Maria Yakovlevna la suit du regard.*

MARIA YAKOVLEVNA

Mon cœur me dit que notre petite Lisa a quelqu'un dans sa vie !

ANDREÏ IVANOVITCH

Mmmh… C'est bien possible.

MARIA YAKOVLEVNA

Dans notre famille, les filles se marient toujours très tôt, à dix-huit ans… Avec leur premier amour. Grand-mère, maman, Liolia…

ANDREÏ IVANOVITCH

Celles qui se marient…

MARIA YAKOVLEVNA

Qu'est-ce que vous voulez dire par là ?

ANDREÏ IVANOVITCH

Oh, rien de spécial… C'est juste qu'il y en a qui ne se marient jamais.

MARIA YAKOVLEVNA

Je voulais parler de notre famille à nous, celle des Dvoriankine… Les Lépiokhine, il n'y en a plus… Le nom va disparaître avec vous, Andreï Ivanovitch. Les Graïevski aussi, il n'y en a plus. Je vous fais remarquer que votre neveu Rostislav, le seul descendant de sexe masculin, porte le nom de mon défunt frère Nikolaï Dvoriankine.

ANDREÏ IVANOVITCH (*en bâillant*)

Bon, je vais aller dormir un peu… Il est trop tard pour se lancer dans des recherches généalogiques… Beaucoup trop tard… Mais pourquoi est-ce que cette chatte n'arrête pas de hurler ?

MARIA YAKOVLEVNA

C'est Mourka, elle a grimpé dans un arbre hier soir et depuis, elle n'arrête pas de miauler. Elle doit appeler ses soupirants…

ANDREÏ IVANOVITCH

Aaah ! Je vois…

*On entend un bruit de cloches au loin, et Varvara entre dans le salon coiffée d'un fichu noir. Elle tient à la main la chaîne de la chasse d'eau, avec une poire en faïence au bout.*

MARIA YAKOVLEVNA

Bonjour, ma petite Varia ! Fais attention, il y a des bouts de verre ici. Je nettoierai ça plus tard.

VARVARA

Non, mais regarde-moi ça ! La chaîne s'est encore cassée ! Alors qu'il l'a réparée la semaine dernière ! Mais qu'est-ce que c'est que ce travail de cochon, à la fin ! La maison est en train de tomber en petits morceaux, et tout le monde s'en contrefiche !

ANDREÏ IVANOVITCH

Bonne nuit !

*Il sort.*

MARIA YAKOVLEVNA

Qu'est-ce que tu veux qu'on y fasse ? J'ai donné dix dollars à Sémyone la semaine dernière. Je te prépare du thé ?

VARVARA (*elle flanque la chaîne sur la table et rajuste son foulard*)

Comment ça, du thé ? Quel thé ? Je vais à l'église. Tu appelleras votre fameux Sémyone, qu'il nous répare ça correctement.

MARIA YAKOVLEVNA

Ça, ce n'est pas possible. Il m'a expliqué. Il faut remplacer quelque chose à l'intérieur, le manchon, je crois, et il est spécial, on n'en fabrique plus des comme ça, maintenant… Et puis, il y aussi les tuyauteries… Il dit que c'est bouché partout, pas seulement chez nous, les canalisations sont en train de rendre l'âme dans tout le village, alors il faut se servir des cabinets dehors…

VARVARA

Quels cabinets dehors ?

MARIA YAKOVLEVNA

La petite cabane derrière l'orangerie… Ce sont des toilettes qu'on avait installées pour les ouvriers pendant qu'ils construisaient la maison…

VARVARA

Aaah ! Mais il n'y a pas de porte !

MARIA YAKOVLEVNA

Oui, c'est vrai…

VARVARA

Oh, Seigneur ! (*Elle enfile son manteau.*) J'y vais… Ne m'attendez pas pour déjeuner, je mangerai au monastère avec les sœurs…

*La porte claque. L'électricité s'éteint. Il fait jour. Maria Yakovlevna retourne une chaise et la pose sur l'endroit dangereux. Maintenant, il y a trois chaises à l'envers, les neuf autres sont disposées autour de la grande table. On entend le cliquetis de la machine à écrire, puis, sur ce fond sonore, des bruits de pas, une porte qui claque. Entre Éléna (Liolia), une femme ravissante, en chemise de nuit. Elle tient à la main un vaporisateur. Elle se vaporise du parfum sur les mains, puis les sent*[1*].

MARIA YAKOVLEVNA

Il est vraiment grand temps de changer cette lame de parquet… Il va bientôt y avoir un véritable trou au milieu de la pièce.

ÉLÉNA

Makania ! Il manque le truc, là, dans les toilettes. Où est-il passé ?

* Toutes les notes sont regroupées en fin de volume, p. 195-196. Toutes les notes sont de la traductrice.

MARIA YAKOVLEVNA

Bonjour, ma chérie. Il est là, sur la table.

ÉLÉNA

Qu'est-ce qu'il fait sur la table ?

MARIA YAKOVLEVNA

Il s'est cassé. Et de toute façon, je crois que c'est encore bouché. L'eau s'écoule très mal. Tu veux bien appeler Sémyone pour lui dire de venir réparer ?

*Maria Yakovlevna prend une casserole, la remplit d'eau et sort. On l'entend verser l'eau dans les toilettes. Elle revient. Éléna est en train de téléphoner. C'est un appareil qui date des années cinquante.*

ÉLÉNA

Allô, le service d'entretien ? Sémyone est là ? Bon, je vais passer…

MARIA YAKOVLEVNA (*en prenant une chaise*)

En attendant, je vais poser une chaise devant les toilettes pour que personne ne s'en serve…

*Éléna met une pelisse sur sa chemise de nuit et enfile des bottes de feutre.*

MARIA YAKOVLEVNA

Liolia ! Mais tu es folle ? Où tu vas comme ça ?

ÉLÉNA

Au service d'entretien. Je vais chercher Sémyone…

MARIA YAKOVLEVNA

Tu veux y aller dans cette tenue ? Mais tu vas prendre froid… Il fait zéro, dehors !

ÉLÉNA

Oh, lâche-moi un peu les baskets, Makania !

*Elle sort. Des miaulements viennent ponctuer le cliquetis de la machine à écrire. Pour l'instant, on n'entend pas de vibrations, mais cela ne va pas tarder. Maria Yakovlevna se masse les tempes. Elle secoue la tête.*

MARIA YAKOVLEVNA

Je dois faire de la tension…

*Elle ouvre un vieux frigidaire énorme, elle en sort des choses, en range d'autres, tout en marmonnant. Le cliquetis de la machine à écrire s'arrête. Natalia Ivanovna entre.*

NATALIA IVANOVNA

Bonjour, Maria Yakovlevna !

MARIA YAKOVLEVNA

Bonjour, Natalia Ivanovna.

NATALIA IVANOVNA

Vous n'avez pas encore fait de café ?

MARIA YAKOVLEVNA

Je m'en occupe tout de suite…

NATALIA IVANOVNA (*elle s'assied*)

Merci. Une fois de plus, je n'ai presque pas fermé l'œil. Parfois, j'envie les gens simples qui font un travail physique. Les ouvriers, eux, doivent avoir un excellent sommeil[2]...

*Maria Yakovlevna se masse les tempes.*

MARIA YAKOVLEVNA

Vous ne sentez pas, Natalia Ivanovna ? On dirait que ça tremble... Une sorte de vibration...

NATALIA IVANOVNA

Non, je ne sens rien. Il y a de la crème ?

MARIA YAKOVLEVNA

Si, si, il y a vraiment une sorte de vibration... Comment se fait-il que vous ne sentiez rien ?

NATALIA IVANOVNA

Bon, alors qu'est-ce que je disais ?... Ah, oui, je disais que les ouvriers devaient avoir un bon sommeil.

MARIA YAKOVLEVNA

La laitière est passée hier. On lui doit déjà quarante dollars...

NATALIA IVANOVNA

Valentina Nikititchna ? Eh bien, vous n'avez qu'à la payer. D'ailleurs, on se demande pourquoi les laitières ont besoin de dollars. Enfin, elle est très gentille, cette petite vieille. Donnez-lui ses dollars...

MARIA YAKOVLEVNA

Natalia Ivanovna ! Cela fait huit ans qu'elle est morte, votre gentille petite vieille… Il y a longtemps que c'est une autre qui passe. Nous avons eu de grosses dépenses cette semaine… Tout l'argent y est passé…

NATALIA IVANOVNA

Qu'est-ce qu'on a eu comme dépenses particulières ? On vit comme d'habitude…

MARIA YAKOVLEVNA

Vous ne me faites pas confiance ? Je vous dis que nous avons eu de grosses dépenses. J'ai versé trois mille roubles au service d'entretien pour la surveillance ! J'ai fait des courses pour Pâques, deux mille ! Je me suis acheté de nouveaux caoutchoucs… Oui ! Vous ne croyez pas que depuis trente ans que je vis chez vous, j'ai bien mérité de nouveaux caoutchoucs ?

NATALIA IVANOVNA

Makania, je vous en prie ! Qu'est-ce que vous racontez ? Qui vous parle de vos caoutchoucs ? Je dis juste que cinq cents dollars par semaine pour le courant, c'est une grosse somme. Il me semble que…

MARIA YAKOVLEVNA

À une certaine époque, cinquante roubles, c'était une grosse somme ! En 1959, mon salaire au syndicat était de trois cent soixante-quinze roubles, après, c'est devenu trente-sept roubles et cinquante kopecks, et c'était amplement suffisant !… Une grosse somme !!!

NATALIA IVANOVNA

Bien sûr, ce n'était pas le même argent. Quand papa a eu le prix Staline, il a reçu cent mille roubles. Et à l'époque, cela faisait une sacrée somme.

MARIA YAKOVLEVNA

Cinq cents dollars par semaine pour toute la famille... Et croyez-moi, je rogne sur tout... Un kilo de café en grains coûte deux cents roubles, et on en consomme deux kilos par semaine... Enfin, moi, je bois du thé !

NATALIA IVANOVNA

Oh, arrêtez de parler de ça ! Ça ne m'intéresse absolument pas...

MARIA YAKOVLEVNA

Eh bien, moi si ! Parce que cela fait trente ans que je vis chez vous en souvenir de mon frère ! Il y a quinze ans qu'il n'est plus là, et je continue à vivre ici... En mémoire de Nikolaï... Parce que dans cette maison, personne, pas un seul d'entre vous, ne sait combien coûte un kilo de café ! Je suis devenue une bonne à tout faire ! J'ai abandonné mon métier, je n'aurai pas de retraite... J'ai passé toute ma vie au service de votre famille, et vous, vous me dites que c'est une grosse somme... J'ai gardé tous les comptes... de toutes les dépenses... (*Elle se lève brusquement.*) Oh ! Le café a débordé ! (*Elle pose la cafetière sur la table.*) Tenez, voilà le café ! Je vous en prie... Et voilà la crème... (*Elle fond en larmes.*)

NATALIA IVANOVNA

Mon Dieu, Makania ! Je vous en supplie ! Mais de quels comptes parlez-vous ! Comment pouvez-vous dire des choses aussi affreuses ! Qu'est-ce que c'est que cette histoire de bonne à tout faire ? Nous avons toujours eu une bonne tant que vous n'étiez pas là. C'est vous-même qui n'en avez pas voulu… Vous m'avez mal comprise… Pardonnez-moi, je ne voulais pas du tout… Je n'avais absolument pas l'intention de vous blesser…

MARIA YAKOVLEVNA

C'est mon défunt frère Nikolaï… qui m'avait demandé… Je lui ai donné ma parole que…

NATALIA IVANOVNA

Maria Yakovlevna ! Pardonnez-moi si je vous ai blessée. Je suis morte de fatigue. J'ai dormi deux heures aujourd'hui, et je travaille… Je suis la seule à travailler, dans cette famille…

MARIA YAKOVLEVNA

Voilà, c'est bien ce que je disais ! Et moi alors, qu'est-ce que je fais ?

*Le passage qui suit n'est pas un échange de répliques : les deux femmes parlent en même temps et terminent en même temps.*

NATALIA IVANOVNA

Je traduis comme une machine… J'ai traduit des centaines de livres, des centaines ! Du français, de l'italien, même de l'espagnol, que je ne connaissais absolument pas ! Heureusement que Dioudia m'a aidée ! J'ai traduit des romans policiers, des guides, des manuels, des instructions, des règlements, des modes d'emploi… Et maintenant, je suis obligée de traduire en anglais ! Vous croyez que c'est facile ? C'est toujours moi qui ai fait vivre toute la famille ! Même du temps de Nikolaï !

MARIA YAKOVLEVNA

La première année, c'était Rostik qui avait tout le temps mal au ventre, ensuite, c'était Liolia qui n'arrêtait pas d'être malade… Les infusions de chanvre, les tisanes de camomille… Je stérilisais toujours les biberons ! Et je repassais les couches des deux côtés ! Heureusement qu'il y avait les colis alimentaires que Nikolaï recevait à l'Institut du marxisme-léninisme…

NATALIA IVANOVNA

Déjà quand j'étais étudiante, je donnais des cours particuliers ! J'en ai donné toute ma vie, des cours particuliers !

MARIA YAKOVLEVNA

Des colis spéciaux…

NATALIA IVANOVNA

Je n'avais même pas le temps d'apprendre une langue à fond que je donnais déjà des cours particuliers ! À trois roubles de l'heure ! En semaine, c'était le soir, et le dimanche, toute la journée !

MARIA YAKOVLEVNA

… Il y avait des choses extraordinaires… Du fromage fumé, de l'esturgeon, du chocolat Octobre rouge… Et les angines de Varia ! Et Lisa qui était toujours constipée ! Elle pouvait rester cinq jours sans aller sur le pot ! Et on me parle d'argent !

*Une pause. Puis cela recommence.*

NATALIA IVANOVNA

Il est impossible de discuter avec vous, Makania ! Vous

n'avez aucune logique ! Je n'ai même pas prononcé le mot argent. Je parle uniquement de travail. L'argent n'a jamais intéressé personne, dans notre famille !

MARIA YAKOVLEVNA

C'est vrai, ça, mon frère Nikolaï, l'argent ne l'a jamais intéressé ! Il écrivait des livres sur Marx, sur Engels, sur Lassalle, sur Kautsky... Et où est passé tout ça, maintenant ? Cela a disparu ! Et pas une décoration, pas une récompense ! Tout ça uniquement pour le bien du pays !

NATALIA IVANOVNA

Quand papa a reçu le prix Staline, il ne savait même pas que cela donnait droit à cent mille roubles ! Parce que les Lépiokhine ont toujours été des bourreaux de travail... Papa, grand-père, notre arrière-grand-père... Ils travaillaient tous du matin au soir. Tandis que maintenant... Je vis dans une famille où personne ne veut travailler ! Rostislav est le seul à travailler... Mais les filles... Il y en a une qui passe son temps à prier, l'autre qui prend des poses bizarres... Quant à Lisa, elle, elle ne fait rien du tout... Je me demande comment elle va réussir ses examens !

MARIA YAKOVLEVNA

Elle prie, et alors ? Elle ne boit pas, elle ne fume pas... Peut-être qu'elle a la foi, alors pourquoi elle ne prierait pas ? Enfin, moi, personnellement, je ne comprends pas ça. Mais mon frère Nikolaï, lui... Je ne sais pas comme il l'aurait supporté... Quant à Liolia, elle cherche du travail. Ça ne court pas les rues, un bon travail ! Elle ne va quand même pas devenir postière, alors qu'elle parle trois langues !

NATALIA IVANOVNA

Le café a refroidi…

*Maria Yakovlevna remet la cafetière sur le feu.*

MARIA YAKOVLEVNA

Vous voulez que je vous dise ? Mon frère Nikolaï enseignait le matérialisme dialectique, et il disait toujours que la dialectique, c'est la mère de toutes les sciences. Et la dialectique, c'est le fait que tout évolue… Ce qui était bien hier est mal aujourd'hui… Ce qui est bien aujourd'hui redeviendra mal demain… Tout évolue… Tout va de mal en pis… Aïe ! Le café a débordé ! Enfin, pas tout…

*Maria Yakovlevna sert le café et pose une tasse devant Natalia. Toutes les deux sont fatiguées. Elles ont épuisé tous leurs arguments. Un silence. Elles boivent leur café.*

NATALIA IVANOVNA

Tout de même, Lisa ne travaille vraiment pas beaucoup… Quand je faisais mes études à l'université, j'étais littéralement rivée à ma table…

*Entre Konstantin, le mari d'Éléna. Il fait un signe de tête. Va boire de l'eau au robinet. Allume la lumière. Ouvre le réfrigérateur.*

MARIA YAKOVLEVNA

Faites attention avec la porte ! Elle ferme mal.

*Konstantin sort un saucisson et s'en coupe un morceau, puis claque violemment la porte du réfri-*

*gérateur. Tout en mâchant, il s'approche de l'ordinateur, s'assied devant et met les écouteurs.*

MARIA YAKOVLEVNA

Il ne dit pas bonjour.

NATALIA IVANOVNA

Ne faites pas attention.

MARIA YAKOVLEVNA

Je n'arrive pas à m'y habituer.

NATALIA IVANOVNA

Au bout de dix ans, il serait temps.

MARIA YAKOVLEVNA

Qu'est-ce que Liolia peut bien lui trouver ?

NATALIA IVANOVNA

En huit ans, il n'a pas travaillé un seul jour. C'est un musicien !

*Konstantin enlève les écouteurs, et on entend des roulements de tambour très agressifs. Natalia Ivanovna et Maria Yakovlevna continuent à parler, mais on ne distingue pas ce qu'elles disent. Elles ont l'air de faire la paix. Natalia se lève, elles s'embrassent. À ce moment-là, la lumière s'éteint. La musique s'arrête.*

KONSTANTIN

Bordel de merde !

NATALIA IVANOVNA ET MARIA YAKOVLEVNA (*ensemble, d'un ton de reproche*)

Konstantin !

*Natalia sort. La porte d'entrée s'ouvre. Éléna entre, accompagnée de Sémyone muni d'un déboucheur à ventouse. Dehors, on entend sonner les cloches.*

KONSTANTIN

Et merde ! Ça recommence ! J'ai tout perdu !

ÉLÉNA

Ne t'énerve pas, Kostik ! Il n'y a pas que ça... Tiens, Makania, je t'amène Sémyone. On fait la queue pour l'avoir, là-bas !

MARIA YAKOVLEVNA

Merci, Sémyone. Nous vous sommes très reconnaissants. Je ne sais pas ce qu'on ferait sans vous !

KONSTANTIN

Cette saloperie d'électricité...

SÉMYONE

Ben, vous feriez comme d'habitude... J'ai déjà reçu huit appels, ce matin. Mais moi, je dis toujours : les Lépiokhine, ils passent avant tout le monde ! C'est ce que je leur dis. Bon, alors qu'est-ce qui vous arrive ? (*Il entre dans les toilettes.*) Aïe, aïe, aïe !

*Des gargouillis, des bruits métalliques, le cliquetis de la machine à écrire, les trilles d'un téléphone portable. Un deuxième téléphone sonne aussi, le fixe. Éléna décroche.*

ÉLÉNA

Oui ? Ah, salut, Sonia !… Non, ça fait longtemps qu'on n'habite plus à Moscou. On a mis notre appartement en location… Oui, c'est un Anglais qui habite dedans… Non, il n'est pas gentil du tout. C'est un vieux schnock. Il fait du commerce de je ne sais trop quoi… Non, non. C'est Rostislav qui s'occupe de ça. C'est lui qui l'a trouvé, c'est quelqu'un qu'il connaît… Merci, Sonia… Non, je ne parle pas espagnol… Non, même avec l'italien, je n'accepterais pas. J'ai tout oublié. Pour le français, là, d'accord ! L'anglais aussi, je peux… Combien ?… Tu rigoles ? Me taper le trajet jusqu'à Moscou tous les jours pour une somme pareille ? Enfin, merci d'avoir pensé à moi, bien sûr, mais ça ne vaut vraiment pas un clou, ta proposition… Allez, salut ! Merci d'avoir appelé. (*À Maria Yakovlevna :*) On me propose un travail. Cinq jours par semaine dans un bureau, de dix heures à six heures, pour cinq cents dollars… Classer des papiers et répondre au téléphone…

*Éléna sort son flacon, se vaporise du parfum sur les mains et les sent. Konstantin prend la pose d'un arbre et s'immobilise.*

MARIA YAKOVLEVNA

Tu as refusé ?

ÉLÉNA

Mmmh… De toute façon, il leur faut quelqu'un qui parle italien et espagnol…

MARIA YAKOVLEVNA

C'est bizarre, ça. L'espagnol, c'est une langue qui ne sert à rien.

ÉLÉNA

Chez nous, il n'y a que Dioudia qui parle espagnol. Et maman, un peu. Mais même si je le parlais, je ne vais quand même pas travailler pour cinq cents dollars !

MARIA YAKOVLEVNA

Tu as sans doute raison… Quand je travaillais au syndicat, on avait droit à des places de théâtre gratuites, et puis à des bons de séjour pour les vacances…

ÉLÉNA

C'est un travail sans poésie, sans idées[3]… J'en ai par-dessus la tête de cette vie à la campagne ! C'est impossible de trouver du travail, ici ! Il est temps d'en finir.

MARIA YAKOVLEVNA

Tu veux qu'on retourne vivre à Moscou ?

ÉLÉNA

Non. Je ne veux pas aller à Moscou. Je veux aller à Paris…

KONSTANTIN (*sans changer de position*)

En Chine… Ou bien en Inde…

*Lisa descend l'escalier, son téléphone portable dans une main et une plaque de chocolat dans l'autre.*

LISA

Paris, c'est une ville dégueulasse ! Ça pue et c'est plein de crottes de chiens ! Tes Français, ce sont des péteux et des pingres… Et ton Paris, c'est de la camelote, du vent… C'est la ville la plus faux-cul du monde ! (*Elle compose un numéro sur son portable.*) Véra ? Vous êtes la nouvelle opératrice ? Bon. Dix-huit vingt-deux. Mettez-moi sur boîte vocale pendant les deux heures qui viennent. Non, uniquement les cartes de crédit.

ÉLÉNA

C'est pas comme ton Amsterdam adoré, hein ?

LISA

Ah, ça, c'est sûr, Amsterdam est beaucoup mieux que ton Paris de merde !

KONSTANTIN (*imitant toujours un arbre*)

En Inde ! Tout le monde devrait aller en Inde ! Dans un ashram !

MARIA YAKOVLEVNA (*remarquant le chocolat*)

Lisa ! Retiens-toi, voyons !

*On entend tomber quelque chose de lourd, et Sémyone apparaît avec un réservoir de chasse d'eau cassé. Maria Yakovlevna abandonne l'énorme saladier dans lequel elle était en train de mélanger des ingrédients. La lumière se rallume. Konstantin quitte la pose de l'arbre, remet ses écouteurs, et secoue la tête au rythme d'une musique inaudible. Puis, sans enlever les écouteurs, il se dirige vers le réfrigérateur, sort de nouveau le saucisson, s'en coupe un gros morceau et mâche. Il retourne à sa table.*

SÉMYONE

À mon avis, le mieux, c'est Francfort. J'ai bossé trois ans là-bas pour me faire du fric… Faut dire qu'à l'étranger, ça fait longtemps que tout est parfaitement au complet[4]… Question bouffe, c'est en Allemagne que ça me plaît le plus. Et puis, je suis pas d'accord avec notre climat[5]... On est fin avril, et il fait un froid de canard ! Alors que chez eux, tout est en fleurs, ça sent bon... Pffft ! (*Il pose sur la table les deux moitiés du réservoir cassé.*) Et voilà, Maria Yakovlevna ! C'est foutu, y a plus qu'à se le mettre où je pense !

MARIA YAKOVLEVNA, LISA ET ÉLÉNA (*ensemble*)

Sémyone !

*Lisa prend le saladier des mains de sa tante et se met à remuer. Elle goûte la pâte.*

MARIA YAKOVLEVNA

Dans le sens des aiguilles d'une montre...

SÉMYONE

C'est complètement fichu, je vous dis. Tout a une fin. C'est pourri. La soupape marche plus, elle est complètement rouillée. J'ai tout coupé.

LISA

Et si on remue dans l'autre sens, ça donne quoi ?

*Elle remue dans le sens contraire des aiguilles d'une montre.*

MARIA YAKOVLEVNA

Ça ne va plus fuir, au moins ?

SÉMYONE

Comment ça, fuir ? Mais vous êtes de vrais gosses, ma parole ! Je vous dis que j'ai coupé l'eau. Si les robinets coulent plus, c'est qu'les youpins ont tout bu...

MARIA YAKOVLEVNA

Sémyone ! Mais qu'est-ce que vous racontez ? Qu'est-ce que les Juifs viennent faire là-dedans ?

SÉMYONE

Ça vous fera dix dollars, Maria Yakovlevna.

MARIA YAKOVLEVNA

Dix dollars pour quoi, Sémyone ?

SÉMYONE

Pour le démontage de l'installation...

LISA *(en léchant la cuillère)*

Elle est bonne, cette pâte... D'ailleurs, j'aime mieux la pâte crue que cuite...

MARIA YAKOVLEVNA

Mais... Vous nous avez pris dix dollars la semaine dernière pour la réparation !

SÉMYONE

Je vous l'avais bien dit, que c'était pas la peine de réparer.

MARIA YAKOVLEVNA

Qu'est-ce qu'il faut faire, alors ?

SÉMYONE

Ce qu'il faut faire, ce qu'il faut faire... Faut la vendre, cette datcha ! Elle est complètement pourrie. Regardez, les Lévinson, eux, ils ont vendu... Et Trichkine, l'académicien, aussi...

MARIA YAKOVLEVNA

Trichkine, c'est le grand qui habite là-bas ? (*Elle montre un côté de la scène.*)

SÉMYONE

Non, c'est un petit, et il habite là-bas... (*Il montre l'autre côté.*) C'est celui qui a découpé son hectare en six lotissements, il a juste laissé un chemin pour arriver jusqu'à sa maison.

MARIA YAKOVLEVNA

Mais où sont passées mes lunettes ?

*Éléna se lève et se dirige vers sa chambre. Sémyone lui crie :*

SÉMYONE

Hé, Liolia, tu m'avais pas dit que ta fenêtre fermait plus ? Je peux jeter un coup d'œil, si tu veux...

ÉLÉNA

Tu es bien fringant, Sémyone...

*Ils montent l'escalier. On entend quelques coups de marteau. Un nouveau miaulement déchirant.*

LISA

Qu'est-ce qu'elle a à hurler comme ça ?

MARIA YAKOVLEVNA

Il faudrait lui dire de nous mettre une porte...

LISA

Une porte ? Où ça ?

MARIA YAKOVLEVNA

Une porte sur les toilettes, dehors…

LISA

On n'a qu'à enlever celle d'ici et la mettre là-bas… Je te demande pourquoi Mourka braille comme ça… Bon, alors, on a droit à un petit déjeuner, aujourd'hui ?

*Elle sort une plaque de chocolat, mais n'a pas le temps de l'ouvrir.*

MARIA YAKOVLEVNA

Lisa ! Retiens-toi, voyons ! On va bientôt prendre le petit déjeuner. Tout le monde est parti je ne sais où…

LISA (*elle jette un coup d'œil par la fenêtre*)

Pauvre minette ! Elle est là sur son arbre, toute seule, comme une âme en peine ! J'ai l'impression qu'elle a grimpé là-haut pour s'amuser et qu'elle n'arrive pas à redescendre toute seule.

*Konstantin va dans les toilettes qui ne fonctionnent plus, prend deux rouleaux de papier toilette et sort dans le jardin, toujours en mâchonnant son saucisson. Lisa mange de la pâte dans le saladier à la petite cuillère. Maria Yakovlevna croque une pomme d'un air rêveur. Lisa met la bouilloire à chauffer.*

LISA (*à Konstantin*)

Kostia, si tu allais chercher la chatte sur l'arbre ?

MARIA YAKOVLEVNA

Il faudrait que quelqu'un aille acheter du fromage blanc…

*Lisa ne réagit pas.*

MARIA YAKOVLEVNA

On a besoin de trois kilos de fromage blanc pour la *paskha*…

LISA

J'ai mis l'eau à bouillir…

MARIA YAKOVLEVNA

En général, à cette époque de l'année, le fromage blanc part très vite…

LISA

Moi, j'ai apporté les œufs… J'ai fait ma part de boulot.

*Elle fait cot-cot-cot en imitant une poule.*

MARIA YAKOVLEVNA

Lisa, tu as vraiment un talent fou ! Tu pourrais être actrice, ma parole…

*Tout en continuant à faire cot-cot-cot, Lisa farfouille sous sa jupe et en sort un œuf. Andreï Ivanovitch entre dans la cuisine. On entend le cliquetis de la machine à écrire.*

ANDREÏ IVANOVITCH

Alors, ma nièce, toujours en train de faire l'imbécile, comme d'habitude ?

LISA

Justement, je ne suis pas en train de faire l'imbécile ! Je suis tout à fait sérieuse.

ANDREÏ IVANOVITCH

Mmmh ! Les Russes adorent se faire passer pour des imbéciles !

LISA

Tiens, voilà Varvara qui revient de l'église...

ANDREÏ IVANOVITCH

Alors, et le petit déjeuner ?

MARIA YAKOVLEVNA

Huit livres, ça fait trois kilos de fromage blanc, deux livres de crème fraîche, ça fait huit cents grammes, et deux livres de beurre...

ANDREÏ IVANOVITCH

Je vais faire un tour avant le petit déjeuner...

*Il décroche du portemanteau un vieil imperméable, un chapeau, et s'habille lentement. À la porte, il se heurte à Varvara.*

VARVARA

Les gens normaux ont déjà fini de déjeuner et nous, on n'a pas encore pris notre petit déjeuner...

MARIA YAKOVLEVNA

Varia, chérie, tu ne voudrais pas aller acheter du fromage blanc ?

VARVARA

Non, Makania. J'ai besoin de me reposer, j'ai passé cinq heures debout à l'église… C'est Jeudi saint, aujourd'hui…

*Le cliquetis de la machine à écrire s'arrête. Natalia et Sémyone entrent en même temps.*

NATALIA IVANOVNA

Le déjeuner n'est pas prêt ?

ANDREÏ IVANOVITCH

On n'a pas encore pris le petit déjeuner.

NATALIA IVANOVNA

Aaah !

*Elle ressort.*

SÉMYONE (*à Andreï Ivanovitch*)

Je voudrais vous parler, Andreï Ivanovitch… Il y a des choses qui se passent, ici… Vous êtes au courant ?

*Ils sortent ensemble. Varvara verse de l'eau bouillante dans un verre.*

MARIA YAKOVLEVNA

Fais attention où tu mets les pieds, Varia… Il y a des morceaux de verre par terre… (*Varvara s'assied au bout de la table.*) Tu es toute pâle… Tu ne te sens pas bien ?

VARVARA

Tu es la seule personne avec laquelle on puisse parler, dans cette famille !

LISA

Et moi ? Il y a énormément de gens, surtout de sexe masculin, qui adorent parler avec moi…

VARVARA

Arrête de faire le clown, Lisa !

*Le téléphone portable de Lisa sonne.*

LISA

Tu vois, il y a des gens qui aiment bien parler avec moi… Surtout des gens de sexe masculin ! (*Elle prend la communication et ronronne :*) Allôô ? Je suis contente que tu appelles… Tu as une voix tellement agréable… Et ma voix à moi, elle te plaît, non ? (*Elle monte l'escalier.*)

VARVARA

Je ne peux plus vivre ici, Makania. J'en ai assez !

MARIA YAKOVLEVNA

Qu'est-ce que tu veux qu'on y fasse, ma petite Varia ? L'appartement de Moscou est loué, et si nous retournons là-bas, nous n'aurons plus du tout de quoi vivre…

VARVARA

Non, à Moscou, c'est impossible… Tu te souviens comme notre rue Vieille-Basmannaïa[6] était merveilleuse, autrefois ? Avec ces énormes tilleuls dans la cour… Maintenant, on a une fenêtre qui donne sur un chantier, et une autre sur cet immeuble épouvantable rempli de nouveaux Russes… Non. Je partirais bien quelque part en province, dans une vieille ville russe où les gens sont restés purs… Qui n'est pas contaminée par toute cette turpitude.

*La lumière s'éteint. Konstantin bondit de sa chaise en enlevant ses écouteurs.*

KONSTANTIN

Oh, bordel de merde !

VARVARA ET MARIA YAKOVLEVNA (*ensemble*)

Konstantin !

KONSTANTIN

Ils ont encore coupé l'électricité ! J'ai tout perdu, une fois de plus !

MARIA YAKOVLEVNA (*elle fait fonctionner l'interrupteur plusieurs fois*)

Oui, c'est vrai, ils ont coupé l'électricité…

KONSTANTIN

J'ai tout perdu ! Trois heures de boulot !

*Il sort.*

VARVARA

Quelle maison de fous ! Je ferais mieux d'entrer au monastère…

*Bruits de marteau-piqueur, cette fois plus fort qu'avant.*

VARVARA

C'est quoi, ça ?

*Andreï Ivanovitch entre, venant du dehors, et se déshabille lentement.*

MARIA YAKOVLEVNA

Tu entends ? Tu sens ? Ça fait longtemps que je parle à Natalia Ivanovna de ce bruit épouvantable. Mais elle ne remarque rien… Tu te souviens, avant, il y avait une usine militaire ici… J'ai l'impression qu'on l'a rouverte, mais sous terre, cette fois…

VARVARA (*elle se signe*)

Le pays s'écroule. Qui aurait pu prévoir ça ? Il y a cent ans, dans cette région, la nature était vierge, il y avait des bois de bouleaux, des futaies… Et maintenant, il ne reste plus un seul pin… Et les vergers ? Il y avait de ces vergers ! Quand notre arrière-grand-père a acheté le domaine, il y avait ici des vergers célèbres dans toute la Russie.

MARIA YAKOVLEVNA

Alors je ne suis pas la seule, toi aussi tu la sens, cette vibration, non ?

ANDREÏ IVANOVITCH

Tu devrais lire Tchekhov, Varia… Il a pas mal inventé, bien sûr, il a un peu noirci le tableau pour certaines choses, pour d'autres, il l'a embelli, et puis il a énormément exagéré, mais pour ce qui est des vergers, là, tu m'excuseras… Quand Lépiokhine a acheté les terrains ici, les vergers avaient déjà complètement dégénéré. Quant au domaine, eh bien, justement, il ne l'a pas acheté. C'était la dot de sa femme, qui en avait hérité. Grand-mère Ania… Demande à ta maman, elle a tout ça noté quelque part…

VARVARA

Oh, toujours cette vieille rengaine…

ANDREÏ IVANOVITCH

Ton grand-père, mon père à moi, l'académicien Lépiokhine, un généticien, avait bien essayé de reprendre la culture de la variété de cerises de la région, mais il n'y est jamais arrivé…

MARIA YAKOVLEVNA

C'est surtout quand on est à cet endroit que ça tremble, ça vibre…

VARVARA

Ne me parle pas de ce type ! C'est une honte. Heureusement qu'on porte un autre nom… Sinon, il aurait fallu en changer…

ANDREÏ IVANOVITCH

Alors ça, c'est idiot ! Il ne faut pas avoir honte de ses parents. C'est un péché. Ton grand-père Ivan Lépiokhine a travaillé dur toute sa vie. Bon, d'accord, pour les cerisiers, il n'a pas réussi, mais il a quand même créé une nouvelle espèce de kiwis, et ses groseilles à maquereau « l'Aube du communisme » étaient excellentes.

VARVARA

Ce sont les deux buissons, derrière les vieux cabinets ?

ANDREÏ IVANOVITCH

À l'époque, tout le pays en plantait à tour de bras…

VARVARA

Oui, et lui, il faisait coffrer des généticiens à tour de bras ! Les voisins ne lui adressaient plus la parole.

ANDREÏ IVANOVITCH

Les voisins ! Qu'est-ce qu'on peut bien attendre des voisins ? En Russie, les voisins sont toujours des crapules ! Qui mettait le feu aux propriétés ? Les voisins ! Qui écrivait des dénonciations ? Les voisins ! Qui a expédié la moitié du pays dans les camps ? Les voisins !

VARVARA

C'est faux, mon oncle ! Les voisins, c'est l'opinion publique ! Quant à grand-père, çà, il n'était pas aimé…

ANDREÏ IVANOVITCH

Mais pourquoi es-tu si hargneuse, Varia ? Et ton père, tu crois que les voisins l'aimaient ? Qu'est-ce qu'il a donc fait, ton petit papa Nikolaï Dvoriankine, tu crois qu'il s'est couvert de gloire ?

MARIA YAKOVLEVNA

Andreï Ivanovitch ! Comment osez-vous dire une chose pareille ?

ANDREÏ IVANOVITCH

Je dis juste que les enfants doivent respecter leurs parents. C'est un péché de ne pas respecter ses parents… Je n'ai pas raison ?

VARVARA

Oh, ne viens pas me parler de péché, Dioudia, d'accord ? Qu'est-ce que ta génération en sait, du péché ? Vous êtes une génération d'innocents : personne n'est coupable de rien ! Dire que vous avez ruiné un pays pareil !

MARIA YAKOVLEVNA

Mon frère Nikolaï était un homme pur comme du cristal ! C'était un vrai communiste ! Dans notre famille…

VARVARA

Pour l'amour du ciel, Makania, tais-toi !

ANDREÏ IVANOVITCH

Maria Yakovlevna, vous dépassez les limites… Dans notre famille, nous avons eu des paysans, des marchands, des nobles, mais des communistes, ça, jamais ! Les communistes, c'est de votre côté ! Quant à toi, Varia, tu as tort de monter sur tes grands chevaux. Il ne faut pas idéaliser le passé. Et il ne faut pas idéaliser l'avenir.

*Il sort une bouteille de vodka de la poche de son manteau. Maria Yakovlevna le remarque.*

MARIA YAKOVLEVNA

Vous êtes allé au magasin !

ANDREÏ IVANOVITCH

Eh bien, oui !

MARIA YAKOVLEVNA

Alors pourquoi n'avez-vous pas acheté du fromage blanc pour la *paskha* ?

ANDREÏ IVANOVITCH

Maria Yakovlevna, ma chérie ! Je suis sorti faire un tour avant le petit déjeuner… Marcher un peu. Je n'avais pas l'intention d'aller du côté du magasin. C'est Sémyone qui m'a entraîné… (*Il débouche la bouteille et ouvre la porte du buffet. Elle tombe. Il prend un petit verre à l'intérieur, et remet la porte en place.*) D'ailleurs il m'a raconté des choses très intéressantes. Il paraît que cet hiver, dans notre village, vingt-quatre datchas ont été vendues. Et les prix des terrains sont en train de chuter, parce que nous nous trouvons sur une sorte de ligne rouge... Je ne sais trop quelle perestroïka, une reconstruction à faire d'urgence... D'ailleurs on se demande où est passée l'urgence. La perestroïka est toujours là, mais l'urgence, elle, a disparu Dieu sait où... (*Il se verse un petit verre et boit.*) À l'époque, ils voulaient aussi nous obliger à arrêter de boire... Mais c'est une chose avec laquelle on ne plaisante pas, en Russie ! Enfin, c'était encore sous l'avant-dernier tsar...

MARIA YAKOVLEVNA

Mais de quoi parle-t-il, Varia ? Quel tsar ? On en a fini avec le pouvoir tsariste en 1917 ! Il commence à dérailler un peu...

VARVARA

Dioudia ! Quel cynique tu fais, tout de même !

ANDREÏ IVANOVITCH (*en riant*)

Varia, ma petite colombe ! Je ne suis pas un cynique. J'ai l'âme tendre. C'est juste que je... Tu sais bien que les Russes adorent se faire passer pour des imbéciles... Hein ? Bon, alors, ce petit déjeuner ? Donnez-nous au moins quelque chose à nous mettre sous la dent... (*Il s'assied au piano et se met à jouer. Du Beethoven. Quelque chose de pathétique.*) Quelle musique merveilleuse ! Divine ! C'est quand même vrai que les Russes sont naturellement enclins au sublime[7]... Et à la sobriété !

*Aux sons du piano, la famille entre par toutes les portes : Lisa, Éléna et Konstantin, Natalia*

*Ivanovna. Konstantin écarte une chaise de la table.*

MARIA YAKOVLEVNA

Attention ! Laissez-la là ! Ne touchez pas à cette chaise ! Un de ses pieds s'est cassé hier. Je l'ai caché sous le buffet.

*Konstantin, sans rien dire, pose la chaise à l'envers et, l'air vexé, s'assied devant son ordinateur. Les autres prennent place autour de la table. Brusquement, la lampe suspendue au-dessus de la table s'allume. Konstantin met ses écouteurs. Puis il les enlève. On entend une batterie tonitruante.*

VARVARA

Je crois que je ne vais rien manger…

NATALIA IVANOVNA

Reste un peu avec nous, Varia. J'ai une très bonne nouvelle : aujourd'hui, j'ai terminé la traduction du quatrième tome…

ANDREÏ IVANOVITCH

Il faut absolument arroser ça !

NATALIA IVANOVNA

Dioudia !

ANDREÏ IVANOVITCH

Mais non, mais non, Natacha… C'était purement théorique…

NATALIA IVANOVNA

Le quatrième tome des œuvres complètes d'Evdokia Kalouguina, notre célèbre compatriote…

LISA

« L'amour en enfer », « Sodome au paradis », « Les cendres d'une vierge », « Le foutoir de la morale »…

NATALIA IVANOVNA

Lisa, ne sois pas méchante…

ANDREÏ IVANOVITCH

Bon, alors buvons à notre célèbre compatriote, à notre parente, à ta belle-fille Evdokia Kalouguina ! (*Il verse la vodka.*)

NATALIA IVANOVNA

Pourquoi cette ironie ? Evdokia Kalouguina, enfin, notre petite Alla, est une femme merveilleuse. Et un écrivain remarquable ! Elle vend des milliers de livres, dans toutes les librairies, dans tous les kiosques, dans les gares, les aéroports, partout ! Des millions de gens l'aiment… C'est un écrivain populaire, oui, oui, elle écrit pour le peuple ! Et c'est une épouse merveilleuse pour Rostislav. Et une mère merveilleuse pour ses enfants !

LISA

C'est fini, ce n'est plus Biélinski et Gogol qu'on achète sur les marchés maintenant, c'est Evdokia Kalouguina… À des millions d'exemplaires. On la trouve sur tous les marchés de notre immense patrie, et à l'étranger aussi…

NATALIA IVANOVNA

Pourquoi cette ironie, Lisa ? Oui, Evdokia va maintenant être lue aussi en Amérique, et je n'ai pas honte de consacrer mes forces à cette traduction…

ÉLÉNA

Dis donc, maman, quand elle t'a commandé la traduction de ces douze tomes, elle avait déjà un contrat avec un éditeur ou bien elle va les publier en anglais à compte d'auteur ?

NATALIA IVANOVNA

Avec les livres de Kalouguina, pas un seul éditeur ne peut y laisser des plumes, Liolia. Ils se vendent comme des petits pains…

MARIA YAKOVLEVNA

Il faudrait que quelqu'un aille acheter du fromage blanc. Liolia, tu pourrais peut-être demander à Konstantin de faire un saut au magasin ?

KONSTANTIN (*devant l'ordinateur*)

Je suis en train de charger un programme…

NATALIA IVANOVNA

Je suis sûre que ses livres vont avoir autant de succès en Occident. Les gens sont partout les mêmes… Elle est tellement humaine, tellement bonne, et ses livres… Comment dire… Ils ne font pas de mal. Ils font même un certain bien !

MARIA YAKOVLEVNA

Mon Dieu ! La kacha est en train de brûler !

*Elle se lève d'un bond et enlève la casserole du feu.*

ÉLÉNA

Pourquoi de la kacha? C'est le petit déjeuner ou le déjeuner?

LISA

Mais il est quelle heure?

ANDREÏ IVANOVITCH

Quatre heures passées...

VARVARA

Qu'est-ce que tu racontes, maman? De quel bien tu parles? C'est bon à flanquer à la poubelle! La grande littérature russe a éduqué chez des générations le courage et la foi en un avenir meilleur, les idéaux du bien et la conscience sociale[8]...

ANDREÏ IVANOVITCH

Il est vrai qu'à cinq heures, on peut déjà manger de la soupe...

VARVARA

Toi, oncle Dioudia, tu ferais mieux de te taire...

MARIA YAKOVLEVNA

Je suis debout depuis quatre heures et demie du matin! Je n'ai pas préparé de soupe, je me suis occupée des *koulitchs*!

VARVARA

... Alors que les livres d'Evdokia Kalouguina sont d'une mièvrerie, d'un vulgaire! C'est de la cochonnerie! Je ne mange pas. Pardonnez-moi... (*Elle sort.*)

ANDREÏ IVANOVITCH (*à voix basse*)

Orfélie, entre donc au couvent[9] !

LISA

On a du fromage ?

MARIA YAKOVLEVNA

Il y a du saucisson dans le réfrigérateur. On a mangé tout le fromage.

*Lisa sort le reste du saucisson du réfrigérateur.*

LISA

Ben, le saucisson aussi. Il n'y en a pratiquement plus.

NATALIA IVANOVNA (*elle crie à Varvara*)

Varia ! Tu as tort, tu sais…

MARIA YAKOVLEVNA

Elle est dans un état de nerfs… Elle en fait beaucoup trop. Et puis, elle ne mange absolument rien. Elle n'avale rien de tout le carême. C'est épouvantable !

ANDREÏ IVANOVITCH

C'est bien ce que je dis : les Russes sont naturellement enclins au sublime !

KONSTANTIN

Concentre ton attention entre tes sourcils, il faut que l'esprit passe avant les idées.

LISA

Qui est-ce qui a mangé tout le saucisson ?

MARIA YAKOVLEVNA

Oui, oui ! Nikolaï aussi disait que les Russes sont de farouches matérialistes.

LISA

Ne dis pas des choses pareilles, Makania, Varia en serait malade si elle t'entendait !

NATALIA IVANOVNA

Varia était extrêmement proche de son père, ils s'entendaient très bien…

MARIA YAKOVLEVNA

C'était un véritable communiste, il avait une foi à toute épreuve.

LISA

Notre Varia aussi, elle a une foi à toute épreuve !

ANDREÏ IVANOVITCH

La kacha est un peu brûlée.

*Maria Yakovlevna remplit les assiettes de kacha et la goûte.*

MARIA YAKOVLEVNA

Non, ça va, elle n'est pas brûlée…

ANDREÏ IVANOVITCH

Dis donc, Natacha, quel âge a Varvara ?

NATALIA IVANOVNA

Trente-deux ans.

ANDREÏ IVANOVITCH

Mmmh… Ça doit être ça.

NATALIA IVANOVNA

Et alors ? J'ai bien eu Lisa à plus de quarante ans !

LISA

Ben oui, à l'époque, on manquait de contraceptifs.

MARIA YAKOVLEVNA (*en mangeant la kacha de bon appétit*)

Qu'est-ce qu'elle dit ? Qu'est-ce que tu dis, Lisa ?

LISA (*en mangeant une tartine de saucisson*)

Ce que je veux dire, Makania, c'est qu'il y a un processus de dégénérescence. Regardez ! Andreï Ivanovitch, notre oncle, le doyen de la famille : c'est un professeur de mathématiques, un mélomane, un amateur de littérature espagnole, il s'y connaît en ballets, et au fond, c'est même un très bel homme. Ensuite, maman : grande, belle, pleine de talents, parle cinq langues étrangères les doigts dans le nez, un cœur d'or. Cette mère merveilleuse a d'abord eu un fils, Rostislav, un homme grand et beau, à l'esprit extraordinairement pratique, puis Varvara, elle aussi, elle est bien fichue, elle a un physique agréable et en plus, de nous tous, c'est celle qui a le plus grand sens spirituel, mais elle a déjà quelque chose qui cloche… Un déficit de forces vitales. Elle vit dans un état de désolation permanent. La troisième, Éléna, c'est une beauté, mais d'une intelligence moyenne et totalement dépourvue de sens spirituel… Elle ne s'intéresse qu'à son corps. En revanche, elle a une excellente santé. C'est pas vrai, Liolia ? Je n'ai pas raison ?

ÉLÉNA

Cause toujours…

LISA

Et pour finir, moi ! L'enfant de parents plus très jeunes. Taille : un mètre cinquante-deux. Grosse. Un physique é-pou-van-ta-ble. Vue : trois dixièmes. Du diabète, et une insuffisance cardiaque…

MARIA YAKOVLEVNA

Lisa ! Mais elle est compensée, ton insuffisance ! Elle est compensée !

LISA

Attends, Makania, laisse-moi finir mon petit laïus… Tout ce que j'ai reçu de la richesse de nos ancêtres, c'est un peu de matière grise ! Il faut dire merci à nos parents de ne pas en avoir fait un cinquième… Lui, il aurait certainement été débile mental !

NATALIA IVANOVNA

Qu'est-ce que tu peux dire comme bêtises, Lisa !

ANDREÏ IVANOVITCH

Ma petite Lisa, tu es un amour ! Si j'étais jeune, je tomberais amoureux de toi, c'est sûr et certain !

LISA

C'est faux, Dioudia ! Quand tu étais jeune, tu es tombé amoureux de la Cruelle Gisèle !

NATALIA IVANOVNA

Lisa !

*Lisa grimpe sur sa chaise et fait mine de danser, debout sur un pied. La chaise se casse et Lisa tombe. Elle se relève comme si de rien n'était.*

LISA

Bien sûr, elle, elle pesait quarante kilos, et les chaises ne s'effondraient pas sous son poids…

NATALIA IVANOVNA

Arrête de faire le clown !

ANDREÏ IVANOVITCH (*il s'approche du buffet et se verse un verre*)

J'ai changé d'avis, Lisa. Si je redeviens jeune un jour, je retomberai amoureux d'une ballerine. Toutes ces femmes intelligentes sont tellement bêtes[10]…

NATALIA IVANOVNA

Dioudia !

LISA

Et les danseuses ?

ANDREÏ IVANOVITCH

Les danseuses sont des garces, mais elles sont très féminines… Elles ont quelque chose d'espagnol…

*Le portable de Lisa sonne, elle répond.*

LISA (*en ronronnant*)

Oui… Je suis bien contente que tu appelles… (*Elle se dirige vers l'escalier et monte.*) Tu as une voix si agréable ! Une voix excitante. Et tellement virile…

*Elle monte sur la mezzanine.*

ÉLÉNA

Je m'ennuie. Si on allait faire un tour à Moscou ?

KONSTANTIN

À quoi bon aller quelque part ? Il faut rester immobile, comme un arbre.

*Ils prennent tous les deux la pose d'un arbre.*

MARIA YAKOVLEVNA (*à Natalia*)

Cela fait longtemps que j'ai remarqué… J'ai l'impression qu'il y a quelqu'un dans sa vie…

*On frappe à la porte. Sémyone entre en trimbalant une porte sortie de ses gonds.*

SÉMYONE

Et voilà !

MARIA YAKOVLEVNA

Voilà quoi ?

SÉMYONE

Je vous ai apporté une porte. C'est du solide. Vous êtes en train de déjeuner ? Bon, ben, je repasserai plus tard !

MARIA YAKOVLEVNA

Mais non, mais non ! Nous avons déjà terminé. Vous ne voulez pas de kacha ? (*Elle renifle.*) Mais qu'est-ce que vous sentez ?

SÉMYONE

Non, non, tous mes remerciements ! J'ai déjà cassé la croûte avec les copains…

NATALIA IVANOVNA

Pourquoi êtes-vous venu avec une porte ?

SÉMYONE

C'est du chêne. Qualité supérieure. Elle tiendra le coup cent ans. (*Il remarque Éléna et Konstantin, figés dans la pose de l'arbre.*) Qu'est-ce qu'ils ont ?

ANDREÏ IVANOVITCH

Ce sont des exercices chinois.

SÉMYONE

Ben dis donc, cette Léna, elle m'en bouche un coin !

MARIA YAKOVLEVNA (*qui est la première à deviner*)

Aaah, cette porte, c'est pour les toilettes ?

SÉMYONE

Ben, c'est vous qui l'avez commandée !

NATALIA IVANOVNA

Mais nos toilettes ont déjà une porte, Sémyone !

SÉMYONE

Celles de la maison, ouais. Mais pas celles du jardin.

ANDREÏ IVANOVITCH (*en examinant la porte*)

C'est vrai que c'est une belle porte.

SÉMYONE

Puisque je vous le dis ! Et elle fait seulement cent dollars. Une comme ça neuve, ça va chercher dans les deux cents !

*Éléna et Konstantin quittent leur pose, ils sont pris de fou rire et se mettent mutuellement la main sur la bouche. Maria Yakovlevna renifle, elle sent quelque chose.*

SÉMYONE

Je vais vous l'installer, comme ça vous pourrez aller dehors. Je vous prendrai pas cher.

ANDREÏ IVANOVITCH

Pourquoi, on ne peut pas réparer les toilettes de la maison ?

MARIA YAKOVLEVNA

Le hareng ! Ça sent le hareng ! Mais oui, c'est vous qui sentez le hareng, Sémyone[11] !

SÉMYONE

Et alors ? Qu'est-ce que ça a de mal ?

ANDREÏ IVANOVITCH

Quand même, nous avons toujours eu des toilettes à l'intérieur, dans cette maison...

SÉMYONE

C'est pas la peine. Cette datcha est complètement pourrie, les tuyaux sont bouffés par la rouille. Je vais vous installer cette porte sur vos cabinets dans le jardin... Elle tiendra le coup cent ans !

ANDREÏ IVANOVITCH

Mais pourquoi l'avez-vous trimbalée à l'intérieur ?

SÉMYONE

Pour vous la montrer.

KONSTANTIN

Je sens le cosmos comme une présence transparente et éternellement vivante...

SÉMYONE

Qu'est-ce que t'as dit ?

KONSTANTIN

Ce sont des paroles de Shiva !

SÉMYONE

Cheval toi-même ! Mais qu'est-ce qu'il a ?

ANDREÏ IVANOVITCH

Écoutez, Sémyone, ça n'ira pas. Si mes souvenirs sont bons, il y avait une petite porte, là-bas. Celle-là, c'est une porte d'entrée, elle est énorme.

MARIA YAKOVLEVNA

C'est une très belle porte ! Vraiment très belle !

SÉMYONE

Et alors ? Vaut mieux trop grand que trop petit. On peut toujours agrandir l'ouverture à la hache, la mettre à la bonne taille. C'est une sacrée belle porte ! On n'en retrouvera pas une comme ça. Bon, on va aller voir ça...

*Il charge la porte sur son dos et met un long moment à la faire passer par la porte d'entrée. Il sort.*

ANDREÏ IVANOVITCH

Bon, eh bien, allons voir ça…

*Il le suit.*

NATALIA IVANOVNA

Quelquefois, j'ai l'impression que le monde entier est devenu fou…

MARIA YAKOVLEVNA

On dirait qu'il va pleuvoir…

LISA (*elle descend l'escalier avec un parapluie ouvert*)

Il ne va pas pleuvoir – il pleut déjà des cordes. Et le toit fuit comme une passoire. Où est la cuvette ?

NATALIA IVANOVNA

Vous entendez ? Il y a quelque chose qui coule quelque part… Pourquoi as-tu besoin d'une cuvette ? Tu veux te laver les cheveux ?

MARIA YAKOVLEVNA

C'est dans la mezzanine que ça coule.

LISA

Makania, regarde ! Ça dégouline le long du mur…

MARIA YAKOVLEVNA

C'est vrai, ça ! Et il y a une mare près de la porte ! Je vais chercher des cuvettes. On a plein de vieilles cuvettes dans la réserve…

*Elle sort.*

ÉLÉNA

Viens, Konstantin, on va se promener. J'aime tellement la pluie…

KONSTANTIN

Non, je dois travailler…

ÉLÉNA

Tout le monde doit travailler ! Allez, on va faire un petit tour, tu n'arrêtes pas de travailler… Tu n'es pas marrant !

*Maria Yakovlevna revient avec des cuvettes et une serpillière. Lisa prend l'une des cuvettes et monte avec, Maria Yakovlevna place une chaise près de la porte et pose une cuvette dessus. Bruit des gouttes qui tombent. Nouvelle roulade de la chatte.*

MARIA YAKOVLEVNA

Si je la pose par terre, à côté de la porte, tout le monde va la renverser…

NATALIA IVANOVNA

Pauvre bête… Pourquoi est-ce qu'elle miaule comme ça ?

ÉLÉNA

Elle est sur son arbre et elle ne veut pas descendre.

NATALIA IVANOVNA

Je ne comprends pas. Pourquoi elle ne descend pas ? Il pleut…

ÉLÉNA

Peut-être qu'elle aime bien être là-haut ?

NATALIA IVANOVNA

Ça me dépasse...

*Elle sort.*

ÉLÉNA

Allez, viens te promener. Tu iras chercher la chatte sur l'arbre...

KONSTANTIN

Non. Peut-être que ça lui plaît, d'être là-haut...

ÉLÉNA (*elle pousse un miaulement éraillé*)

Miâââou ! Allez, viens, mon chaton !

*Konstantin décroche un imperméable du portemanteau et prend un parapluie.*

MARIA YAKOVLEVNA

Liolia, tu ne veux pas regarder, s'il te plaît, j'ai l'impression que la cuvette est percée. Il y a de l'eau qui coule par terre.

ÉLÉNA

Quelle importance ? Que ça coule ici ou là...

*Éléna et Konstantin sortent.*

MARIA YAKOVLEVNA (*elle hurle, affolée*)

Mon levain ! Je l'avais complètement oublié ! Il a levé,

et il est retombé ! Qu'est-ce que je vais faire, maintenant ? Tout est fichu ! Natacha ! Natacha !

*Natalia arrive en courant.*

NATALIA

Qu'est-ce qui se passe, Makania ?

MARIA YAKOVLEVNA

C'est fichu ! Tout est fichu !

NATALIA IVANOVNA

Qu'est-ce qui est fichu ?

MARIA YAKOVLEVNA

Mon levain ! Je ne peux plus faire ma pâte, maintenant ! Les *koulitchs* sont fichus !

NATALIA IVANOVNA

Vos *koulitchs* ! Moi, c'est toute ma journée qui est fichue !

*Andreï Ivanovitch entre avec Sémyone, sans la porte. Ils se cognent dans la chaise sur laquelle est posée la cuvette.*

MARIA YAKOVLEVNA

Attention à la cuvette !

SÉMYONE

Mais il fuit, votre toit !

NATALIA IVANOVNA

Comment ça se fait ? Vous l'avez pourtant réparé l'année dernière…

SÉMYONE

Oh, ça, on peut le réparer autant qu'on voudra, ça servira à rien. Faut tout changer. L'année dernière, j'avais posé de la tôle là où c'était complètement pourri... Mais pour bien faire, faudrait en mettre un neuf. Ou alors, raser la maison. Ça reviendrait peut-être moins cher.

ANDREÏ IVANOVITCH

La porte va à la perfection. C'est pile la taille qu'il faut.

SÉMYONE

Je repasserai la semaine prochaine...

MARIA YAKOVLEVNA

Comment ça, la semaine prochaine ? Mais comment allons-nous faire sans toilettes ?

SÉMYONE

Non, non... Après Pâques. Aujourd'hui, je suis pris. J'ai eu huit appels ce matin et je n'ai rien pu faire, j'étais ici, à m'occuper de vous... Bon, alors ça fait cent dollars pour la porte... Et pour le travail, c'est à votre bon cœur.

NATALIA IVANOVNA

C'est de la folie... On ne peut pas continuer comme ça...

*Elle sort.*

MARIA YAKOVLEVNA

Pourquoi est-ce si cher, Sémyone ?

*Andreï Ivanovitch se met au piano et joue du Beethoven.*

SÉMYONE

C'est que la vie a augmenté, Maria Yakovlevna !

*Dehors, on entend des miaulements puis un hurlement poussé par Konstantin. Un instant plus tard, il entre en courant, la main en sang, suivi d'Éléna. Ils renversent la chaise avec la cuvette dessus.*

MARIA YAKOVLEVNA

Attention !... Mon Dieu ! Que s'est-il passé ?

KONSTANTIN

Ma main ! Ma main !

ÉLÉNA

Cette chatte est complètement idiote ! Kostia a grimpé sur l'arbre pour la faire descendre, et regarde ça, elle l'a griffé ! Jusqu'à l'os. Où est l'iode ?

KONSTANTIN

Aïe, aïe, aïe... Ma main ! Non, mais quelle idée j'ai eue ! Elle n'avait qu'à rester là-haut à brailler... Maintenant, je ne pourrai plus travailler ! Ooooh ! Qu'est-ce que ça fait mal !

MARIA YAKOVLEVNA

Dans l'armoire à pharmacie ! Dans l'armoire à pharmacie, Liolia !

*Éléna se précipite sur l'armoire à pharmacie et en sort des flacons.*

ÉLÉNA

Il y a des gouttes pour le cœur. Cinq… Non, huit flacons ! Et pas d'iode ! Pas de pansements ! Seigneur ! Mais donnez-moi au moins un mouchoir !

*Andreï Ivanovitch joue au piano « Vous êtes tombés, victimes d'un fatal combat… ».*

ÉLÉNA (*elle crie*)

Lisa ! Lisa ! Emmène-nous au dispensaire ! Vite !

SÉMYONE

Faut pisser dessus. C'est un truc de bonne femme. C'est bon pour tout.

KONSTANTIN (*l'air mauvais*)

T'es sûr qu'il ne faut pas plutôt chier dessus ?

MARIA YAKOVLEVNA

Non, vous avez beau dire, cent dollars, c'est vraiment très cher ! Cent dollars !

*Lisa descend l'escalier.*

LISA

Qu'est-ce qui se passe, ici ?

ÉLÉNA

C'est cette idiote de chatte qui s'est jetée sur Konstantin…

LISA

Toutes les idiotes adorent se jeter sur notre Konstantin…

ÉLÉNA

Tu nous emmènes au dispensaire ? Il n'y a ni iode ni pansements, dans cette maison…

KONSTANTIN

Pas question que j'aille au dispensaire !

LISA

Il n'a qu'à se faire des massages chinois !

*Elle fait mine de masser des points d'acupuncture.*

ÉLÉNA

Qu'est-ce que tu racontes ? Il saigne ! Des massages chinois !

LISA

Cent dollars…

MARIA YAKOVLEVNA

Non, non, cent dollars, c'est tout de même un peu trop cher…

ÉLÉNA

Voyons, Kostia, si ça s'infecte ? Lisa, ne fais pas l'imbécile, habille-toi !

LISA

Je n'ai plus d'essence.

ÉLÉNA

Je t'en achèterai. Allez, on y va !

LISA

Tu me payes un plein ?

KONSTANTIN

Je fais une hémorragie… Regardez ! Ça n'arrête pas de couler…

LISA

Un plein, et cent dollars !

ÉLÉNA

Non, mais quelle peste ! Tu te souviens que je t'avais fait cadeau de mon walkman quand tu étais petite ?

LISA

Je me souviens. C'était un bon walkman. D'accord. Je vous emmène. C'était un très, très bon walkman. Alors je te fais un prix : vingt dollars de l'heure… (*Elle sort son téléphone.*) Opératrice ! Mettez-moi sur boîte vocale pour deux heures.

MARIA YAKOVLEVNA (*à Sémyone*)

Oui, vingt dollars de l'heure, ça devrait aller, non ?

SÉMYONE

Ouais, ben c'est du pareil au même… Allez, on réglera ça après Pâques. À la prochaine… (*À Andreï Ivanovitch :*) Bon, alors vous passez me voir demain matin, Andreï Ivanovitch, on parlera… J'ai une affaire à vous proposer… (*Il sort.*)

ANDREÏ IVANOVITCH

Oui, oui, je passerai peut-être…

*Lisa, Konstantin et Éléna sortent, on entend la voiture s'éloigner.*

MARIA YAKOVLEVNA

Je n'ai pas utilisé toute la levure, je peux refaire du levain avec… Ou bien en rajouter à celui-là… Ou alors le jeter… Je ne sais plus quoi faire !

ANDREÏ IVANOVITCH

Pas la peine de vous creuser la tête, Maria Yakovlevna, il n'y a pas de bonne solution… Elles sont toutes les deux pires… « C'est la vie. » (*En français, peut être dit avec un accent russe.*)

*Il joue au piano quelque chose de mélancolique.*

MARIA YAKOVLEVNA

Natalia Ivanovna avait un livre de cuisine quelque part… Il faut que je regarde dedans…

*Elle sort, tandis qu'Andreï Ivanovitch continue à jouer. Entre Natalia.*

NATALIA IVANOVNA

Si on prenait un café ? Pendant que Makania cherche son livre de cuisine…

ANDREÏ IVANOVITCH

Oui, c'est une idée…

*Natalia sort la cafetière, le café, des cuillères, des allumettes. Elle prépare le café. Tout cela très lentement.*

NATALIA IVANOVNA

Tu sais, Dioudia, quand je serai débarrassée de ce travail, je rêve de mettre de l'ordre dans les archives de la famille. Nous avons des documents uniques… C'est une telle tranche d'histoire ! Du côté maternel, notre arrière-grand-mère était de la ligné des boyards Mourzikov, leur nom est mentionné pour la première fois dans des chroniques du XIVe siècle. On considère que les Mourzikov sont des descendants du khan Koublaï ! Les Graïevski, eux, étaient de petits hobereaux de province, ce n'est pas une grande famille, mais ils ont donné deux héros de la guerre de 1812… Par Martha Mourzikov, la sœur de notre arrière-grand-mère, qui a épousé un Français, nous sommes vaguement apparentés à Bonaparte…

ANDREÏ IVANOVITCH

Écoute, Natacha ! Tu te souviens que grand-mère a vécu en France avec ce… ce Français qui l'a complètement plumée, là… Eh bien, si ma mémoire est bonne, c'était un descendant du barbier qui coiffait et rasait Napoléon… Voilà ce dont je me souviens, moi.

NATALIA IVANOVNA

Non, non, tu confonds… C'est impossible ! Ce Français-là était un compositeur, un homme très connu… Pas Berlioz, mais quelqu'un de célèbre, lui aussi. (*L'électricité s'éteint.*) Ça y est, ça recommence ! Dioudia, tu veux bien allumer des bougies, s'il te plaît… (*Andreï Ivanovitch allume des bougies.*) Et il y avait aussi le décembriste Graïevski, le frère de grand-père, maréchal de la noblesse dans le gouvernement d'Orlov… C'est par lui que nous sommes apparentés à Koutouzov, à Araktcheïev et à Tourgueniev…

ANDREÏ IVANOVITCH

Et le chien Moumou, le héros du fameux récit de Tourgueniev ? On n'a pas des liens de sang avec lui[12] ?

NATALIA IVANOVNA

Oh, arrête ! Je parle sérieusement… Tu me suis ? Si on faisait des recherches dans une bibliothèque historique, je suis sûre qu'on pourrait tirer au clair une foule de détails passionnants… Comme Lavoisier, Esterhazy, les Rurikovitch…

ANDREÏ IVANOVITCH

Et si on secoue un peu notre arrière-grand-père, celui qui était serf, on en fera peut-être tomber quelques Varègues…

NATALIA IVANOVNA

Oh, le café a débordé ! Enfin, pas tout…

*Andreï Ivanovitch ouvre la porte du buffet et la rattrape au vol.*

NATALIA IVANOVNA

Dioudia ! Encore ?

ANDREÏ IVANOVITCH

Je voulais juste prendre des tasses à café…

*Il se verse un petit verre qu'il avale en vitesse, puis sort les tasses à café.*

NATALIA IVANOVNA

Mais où sont-ils tous passés ?

ANDREÏ IVANOVITCH

Lisa est partie avec Éléna conduire Konstantin au dispensaire. Il s'est fait estropier par la chatte.

NATALIA IVANOVNA

Ça alors ! Ah, cette Mourka… Dès que j'aurai terminé cette traduction, j'écrirai l'histoire de notre famille. On a des tas de documents… Tchekhov l'a décrite de façon assez ironique… Il faudrait rétablir la vérité…

*Maria Yakovlevna entre, un livre à la main.*

MARIA YAKOVLEVNA

Ça y est, j'ai trouvé ! J'avais tout confondu. Comment avais-je pu oublier ! Le levain, c'est pour les blinis, pas pour les *koulitchs.* Alors ce levain, nous allons le jeter, tout simplement… Pour les *koulitchs,* voilà ce qu'elle écrit. (*Elle feuillette le livre et lit :*) La pâte doit lever trois fois : la première fois, après le délayage, la deuxième, après le mélange… Non, ce n'est pas ça… Ah, voilà ! Si on prend de la levure en poudre, il en faut à peu près trois cuillerées à café pour quatre livres de farine, c'est-à-dire l'équivalent d'un kopeck… Là, je ne comprends pas… Un kopeck, ça fait combien, en argent d'aujourd'hui ?

ANDREÏ IVANOVITCH

Vous voulez dire combien ça fait en dollars ?

NATALIA IVANOVNA

Dioudia ! Mais tu es un vrai gamin, ma parole ! C'est un kopeck du temps des tsars ! Comment veux-tu qu'on sache combien ça fait en dollars ?

ANDREÏ IVANOVITCH

C'est un problème qui m'a beaucoup intéressé à une certaine époque. La politique monétaire de la Russie au début du siècle s'inscrivait parfaitement dans la politique européenne de ces années-là. Sa réserve en or garantissait…

*Le téléphone fixe se met à sonner, Natalia répond.*

NATALIA IVANOVNA

Allô, oui ? Bonjour, Anna Pavlovna ! Oui, oui, je vous le passe… (*Elle tend le combiné à Andreï Ivanovitch et chuchote d'un ton pénétré :*) C'est Anna Pavlovna !

ANDREÏ IVANOVITCH

Oui, Anna Pavlovna ! (*Un silence.*) Aujourd'hui ? Tu veux que je vienne ? Bon, d'accord, Nioussia, j'arrive tout de suite ! (*Il raccroche.*)

NATALIA IVANOVNA

Que se passe-t-il, Dioudia ?

*Andreï Ivanovitch s'approche du buffet, se sert ostensiblement un verre de vodka et le boit.*

ANDREÏ IVANOVITCH

Où est mon costume noir, Natacha ?

NATALIA IVANOVNA

Quel costume noir ?

ANDREÏ IVANOVITCH

Celui que je mets pour les enterrements… L'académicien Kroutchinski vient de mourir... Oui... Et Anna Pavlovna me demande de venir immédiatement...

*Il va dans sa chambre. Natalia et Makania restent clouées sur place, abasourdies.*

NATALIA IVANOVNA

Vous avez compris ? Le mari d'Anna Pavlovna est mort !

MARIA YAKOVLEVNA

Anna Pavlovna ? Qui est-ce ?

NATALIA IVANOVNA

Mais voyons, c'est... C'est la Cruelle Gisèle !

MARIA YAKOVLEVNA

Aaah ! La fameuse Gisèle ! Mais il devait avoir dans les cent ans, son mari...

NATALIA IVANOVNA

Vous n'avez rien compris ! Qu'est-ce que ça peut faire, l'âge qu'il avait ! Maintenant, j'ai bien peur que Dioudia ne l'épouse...

MARIA YAKOVLEVNA

Natalia Ivanovna ! Andreï Ivanovitch a soixante-sept ans ! On ne se marie pas à cet âge-là ! S'il ne s'est pas marié plus tôt, pourquoi le ferait-il maintenant ?

NATALIA IVANOVNA

Vous ne comprenez pas ! La datcha est au nom d'Andreï, et mes enfants sont ses seuls héritiers...

MARIA YAKOVLEVNA

Naturellement, puisqu'ils sont les petits-enfants de leur grand-père !

NATALIA IVANOVNA

Andreï Ivanovitch est un homme extraordinairement généreux, mais Anna Pavlovna, elle, est une vraie rapace ! Elle l'a fait tourner en bourrique toute sa vie. Elle s'est mariée, elle a divorcé, elle s'est remariée... De sa part, on peut s'attendre à tout !

MARIA YAKOVLEVNA

Natalia Ivanovna ! Mais cette Gisèle a elle-même soixante-six ans !

NATALIA IVANOVNA

Cela n'a aucune importance. C'est une grande ballerine ! (*La lumière se rallume.*) Si elle ne trouve rien de mieux, elle le prendra...

MARIA YAKOVLEVNA

Oh, elle trouvera ! Vous parlez d'un cadeau ! Moi, personnellement, jamais je n'épouserais ce vieil ivrogne, et je ne suis pas une grande ballerine !

NATALIA IVANOVNA

Mais qu'est-ce qui se passe avec l'électricité ? Il vaudrait mieux qu'il n'y en ait pas du tout ! Cela fait deux mois qu'ils la coupent toutes les deux heures ! Quelle bêtise j'ai faite à l'époque, quand j'ai refusé ma part sur la datcha... J'avais l'appartement à ce moment-là, et Dioudia, lui, vivait ici... Toujours les grands principes de Kolia !

MARIA YAKOVLEVNA

Oui. Mon frère Nikolaï était un homme à principes. Vous pouvez en être fière !

NATALIA IVANOVNA

Mais j'en suis fière !

*Une voiture arrive. Entrent Lisa, Éléna et Konstantin. Il a la main bandée. Il se couche immédiatement sur le divan et se met à gémir.*

ÉLÉNA

Tu te rends compte, maman, il faut lui faire des injections contre la rage ! Ils ont dit qu'il était possible que la chatte ait attrapé la rage, parce que les chats domestiques normaux ne passent pas leur vie perchés sur les arbres... Non, mais tu imagines ça ? Quarante piqûres contre la rage !

KONSTANTIN

Et dans le ventre, en plus ! Avec une aiguille grosse comme le doigt ! En plein dans le ventre !

LISA

Moi, je leur ai dit qu'il n'y avait pas de rage chez nous, juste des cas de démence tranquille.

*Elle sort une tablette de chocolat et en casse un morceau.*

MARIA YAKOVLEVNA

Lisa ! Retiens-toi, voyons !

NATALIA IVANOVNA

Pendant que vous étiez partis, Anna Pavlovna a téléphoné pour annoncer que son mari était mort…

ÉLÉNA

Quelle Anna Pavlovna ?

LISA (*avec enthousiasme*)

La Cruelle Gisèle ! Hourra ! Maintenant, ils vont se marier ! Dioudia va épouser une légende vivante ! C'est presque comme Oulanova ! Ou Plissetskaïa !

*Andreï Ivanovitch descend l'escalier, vêtu de son pardessus et coiffé d'un chapeau, avec une écharpe et une canne. Il s'approche du buffet et boit un petit verre.*

ANDREÏ IVANOVITCH

Je n'ai pas trouvé mon costume noir, Natacha. Tu veux bien me le chercher, s'il te plaît ? Il doit être dans une des armoires… Lisa, aurais-tu la gentillesse de me conduire à la gare ?

LISA

Mais bien sûr, Dioudia, cela va sans dire ! Je peux même t'emmener jusqu'à Moscou. De toute façon, il faut que j'y aille.

NATALIA IVANOVNA

Que tu ailles où ?

MARIA YAKOVLEVNA

Et le déjeuner ?

LISA

À l'université.

NATALIA IVANOVNA

À cette heure-ci ? Mais il va faire nuit !

LISA (*d'un ton conciliant*)

Maman ! Mon premier cours est à neuf heures, demain. Si je pars d'ici, je n'y serai jamais. Avec tous les bouchons qu'il y a. Je dormirai chez une copine, et on ira à la fac ensemble… Attends-moi une minute, Dioudia, je vais juste me changer.

*Elle monte. Tous restent silencieux un moment.*

NATALIA IVANOVNA

Peut-être que tu ne devrais pas y aller, Dioudia… C'est tellement éprouvant… Avec ton cœur…

ANDREÏ IVANOVITCH

Qu'est-ce que tu racontes, Natacha ? Cette année, cela fait cinquante ans que nous nous connaissons, Anna et moi… Nous nous sommes rencontrés l'année où elle est sortie de l'école de danse et où elle a reçu son premier rôle…

MARIA YAKOVLEVNA

Celui de Gisèle ?

*On entend dehors un miaulement déchirant.*

KONSTANTIN

Je vais la tuer, cette vermine !

*Lisa descend l'escalier : son costume est une parodie de tutu. Elle prend Andreï Ivanovitch par le bras.*

LISA

Pourrai-je te servir de chauffeur, mon oncle ?

ANDREÏ IVANOVITCH

Pour l'enterrement ?

LISA

Pour la noce !

*Ils sortent. La porte claque, la lumière s'éteint.*

MARIA YAKOVLEVNA (*elle crie*)

Lisa ! Fais attention en conduisant ! La route est mouillée ! (*Elle s'assied.*) Pauvre Nikolaï ! Heureusement qu'il n'a pas vécu assez longtemps pour voir ça ! Cette vie est un véritable capharnaüm ! Aucune discipline, aucun ordre !

NATALIA IVANOVNA

Oui, il ne l'aurait jamais supporté !

MARIA YAKOVLEVNA

Déjà qu'il n'a pas supporté le reste...

# INTERMÈDE

*Cet intermède se déroule dans le noir et symbolise le temps qui passe. Des bougies et des lampes de poche s'allument, des silhouettes se déplacent sur scène dans tous les sens, parmi elles, une infirmière en blouse blanche, Sémyone, et un homme coiffé d'une casquette. On distingue même quelqu'un déguisé en Mickey. La musique est un mélange de morceaux joués à la batterie, de mélodies au piano interprétées par Andreï Ivanovitch, du cliquetis de la machine à écrire, de sonneries de téléphones et de miaulements. Sur ce fond sonore, un échange de répliques :*

— Attention, les toilettes ne marchent pas !
— Mais où sont les œufs cassés ?
— C'est l'infirmière qui vient faire la piqûre de Konstantin !
— Il faut appeler un réparateur de machines à écrire ! C'est une catastrophe ! Je ne peux plus travailler !
— Il ne travaille pas !
— Elle ne travaille pas !
— Je travaille comme une bête de somme !
— Il ne faut pas idéaliser le passé !
— Il ne faut pas idéaliser l'avenir !
— Vous menez une vie terne, vous parlez pour ne rien dire[13] !

— La datcha tombe en ruine ! Il n'y a donc personne pour faire quelque chose ?

— Il faut faire venir quelqu'un ! Où est Sémyone ?

— Rostislav n'a qu'à s'occuper de cette maison, à la fin !

— Il faut arrêter de s'extasier sur soi-même ! Il faut travailler ! Travailler dur[14] !

— On ferait mieux de se taire !

— Les idéaux du bien et de la conscience sociale !

— Cinq cents dollars par semaine pour le courant...

— Ermolaï avait acheté le domaine le plus magnifique qui soit sur terre[15] !

— Tchekhov a beaucoup inventé : il a exagéré certaines choses, il en a transformé d'autres...

— Lisa ! Retiens-toi, voyons !

— Vous avez une voix... très excitante !

— Je n'ai jamais travaillé de ma vie. C'était un valet de chambre qui m'enlevait mes bottes[16]. Je vais travailler.

— Les ouvriers n'ont qu'à travailler ! Et ceux qui ne sont pas ouvriers aussi, s'ils le veulent ! Moi, je n'ai pas envie !

— Il ne faut pas idéaliser le passé !

— Avec le temps, la vie d'aujourd'hui paraîtra étrange, stupide et mauvaise[17]...

— Occupez-vous du samovar ! Que quelqu'un allume le samovar !

— Des vaccins contre la rage ! Quarante piqûres contre la rage ! Pour tout le monde !

— Des vaccins contre la démence tranquille !

— Ah, si on pouvait tout recommencer à zéro !

— Dans notre ville, les gens les plus modernes, ce sont les militaires[18] !

— Pékin. Une pneumonie atypique sévit là-bas. Pardon, c'est la variole[19] !

— Dans deux ou trois cents ans...

— Il ne faut pas idéaliser l'avenir !

— Il y a un de ces climats, chez nous, il peut se mettre à neiger à tout moment[20]...

— Comme dit Gogol : Quel ennui de vivre en ce bas monde, messieurs[21] !

— Pâques ! C'est Pâques ! La sainte fête de Pâques !

— Où est Sémyone ? Une canalisation a crevé ! Sémyone ! Où est Sémyone ?

— C'est Pâques !

— Il ne faut pas laisser le pape mettre les pieds ici ! Pour rien au monde !

# ACTE II

*L'intermède se poursuit dans l'obscurité, toujours les mêmes répliques. Puis on entend des chants de Pâques, les cloches sonnent à toute volée. La lumière s'allume. C'est le matin. Certains rideaux sont ouverts, laissant entrer les rayons du soleil. La table est mise. Des gâteaux de Pâques,* koulitchs *et* paskhas, *des œufs peints. Un cochon de lait rôti. Il n'y a personne. Quelques chaises sont disposées autour de la table, les autres sont à l'envers. On entend le cliquetis de la machine à écrire.*

*La porte s'ouvre en grand. Dans l'embrasure surgit un jeune et beau couple violemment éclairé : c'est Rostislav et sa femme Alla, alias Evdokia Kalouguina, le célèbre écrivain. Il y a beaucoup de blanc dans leurs vêtements, et sur le fond terne du salon ils paraissent lumineux, ils rayonnent.*

ROSTISLAV

Regarde ! Le couvert est mis, et il n'y a personne !

ALLA

C'est un vrai festin…

ROSTISLAV

La table croule sous les plats.

ALLA

Tu as vu, les chaises sont toutes cassées…

ROSTISLAV

Oui, c'est la décrépitude !

ALLA

Il est vraiment grand temps d'en finir avec tout ça.

ROSTISLAV

C'est difficile. C'est toute une tranche de vie…

ALLA

Mais qu'est-ce que c'est que cette odeur ?

ROSTISLAV (*sans grande assurance*)

C'est les *koulitchs*…

ALLA

Ça sent aussi un peu le *koulitch*… mais surtout… (*Elle renifle et fait la grimace.*) Et pourquoi il fait si sombre, ici ?

*Rostislav tire les lourds rideaux et la lumière entre à flot. Il éternue, ouvre la fenêtre. Alla éternue aussi.*

ROSTISLAV

Et voilà, il fait clair !

ALLA

Quels nids à poussière ! Ça doit bien faire dix ans que ces rideaux n'ont pas été lavés…

ROSTISLAV

Du vivant de grand-père, là-bas, du côté sud, il y avait des serres, tu ne peux pas imaginer tout ce qui poussait là… Des ananas, des abricots, des orchidées…

ALLA

Les expériences de notre grand Mitchourine ?

ROSTISLAV

Non, ça datait de l'ancien domaine…

ALLA

Je me demande où ils sont tous passés ? Il est onze heures.

ROSTISLAV

Je suppose qu'ils dorment. (*Son téléphone portable sonne.*)… Cela ne me concerne pas. Adressez-vous à mon assistant. Non, je refuse d'en parler.

ALLA

Je trouve qu'il faut le leur dire… Il est temps d'en finir avec tout ça…

ROSTISLAV

Ce n'est pas si simple. Tu ne comprends absolument pas la psychologie de maman. Elle se résigne toujours à tout. Mais après coup. (*Il considère sa femme avec une admiration sincère.*) Doussia, tu es vraiment superbe !

*Une tendre caresse, à laquelle elle répond avec condescendance. On entend le cliquetis de la machine à écrire.*

ROSTISLAV

Tu entends ? Ils sont tous en train de dormir et elle, elle travaille. Comme une petite abeille. C'est toi qu'elle traduit, ma Doussia... J'ai bien peur que ce ne soit pas la meilleure idée que tu aies eue !

ALLA

Parce que cela m'arrive d'avoir de mauvaises idées, mon chou ? Tu trouves peut-être que je rate tout ce que je fais ? Que mon mari est un looser ? Que mes enfants sont des tarés ? Il n'y a peut-être pas vingt millions de bonnes femmes qui sont dingues de moi ?

ROSTISLAV

Ah, ça oui !

ALLA

Ou alors tu penses que celles qui parlent anglais ne vont pas être dingues de moi, elles aussi ? Que les bonnes femmes sont différentes là-bas ?

ROSTISLAV

Bien sûr que non ! Elles sont exactement comme ici !

ALLA

Elles ne vont pas être dingues de moi ?

ROSTISLAV

Bien sûr que si, ma Doussia... Comment veux-tu qu'elles fassent autrement...

ALLA (*son téléphone sonne*)

Allô !... Excusez-moi, mais de quelle revue s'agit-il ? Non, je ne comprends pas... Une interview ? Je vais réfléchir. Rappelez mon agent mardi, je vous prie. Oui, merci... Ils ont un de ces culots ! Bon, alors dans cette histoire, l'important, c'est d'abattre d'emblée la bonne carte...

ROSTISLAV

Non, mais regardez-moi cette petite copieuse ! Tu te sers de mes propres mots ! Qu'est-ce que j'ai toujours essayé de te rentrer dans la tête, à propos de la bonne carte ?

ALLA

Eh bien, j'ai retenu la leçon ! Il y a vraiment une drôle d'odeur, ici...

ROSTISLAV

Alors comme ça, ton mari n'est pas trop mal, hein ?

*Il l'enlace par-derrière, elle se serre contre lui... Commence quelque chose d'intime, il s'assied sur le rocking-chair.*

ALLA

Ne t'assieds pas là-dessus ! Tu vas te salir !

*Il essaye de la faire asseoir sur ses genoux.*

ALLA

Ce fauteuil va s'effondrer...

ROSTISLAV

Mais c'est tellement romantique...

ALLA

Comme mari, tu es tout à fait convenable ! Mais ta famille est un peu timbrée…

*Ils s'absorbent un instant dans leurs jeux amoureux.*

ROSTISLAV

J'aime la notion de famille. Les valeurs familiales… J'aime ma famille. Bon, d'accord, ils sont un peu timbrés… (*Il rit.*) Cette famille de timbrés représente l'intelligentsia russe en voie d'extinction. Il n'y en a pas deux comme ça… Elle est terriblement loin du peuple… Herzen avait bien essayé de la réveiller… Tu ne te souviens pas ? Tu as dû étudier ça à l'école, non ? En cours de littérature ?

ALLA

Oui. En biologie… Les espèces disparues. Ça s'appelle des dinosaures.

ROSTISLAV

Non, en littérature ! Ça s'appelle des hommes en trop… On n'en fabrique plus maintenant. Je te dis que ce sont des spécimens très rares ! (*Son téléphone sonne.*) Je ne comprends pas. Nous ne traitons pas une seule affaire avec lui, mais deux. En parallèle. Au revoir !

ALLA

Des spécimens rares ! Tu parles ! La moitié du pays est comme ça. Les trois quarts de la population sont des gens en trop. Personne ne veut travailler !

ROSTISLAV

Je suis quand même convaincu que l'histoire de notre famille ferait un magnifique sujet pour un de tes livres.

ALLA

C'est trop statique. Il n'y a pas d'histoire, justement.

ROSTISLAV

Voyons, chérie, mais justement, c'est ça qui est intéressant !

*Le portable d'Alla sonne.*

ALLA

On en a vendu combien ? Faites tout de suite une réimpression ! Cinquante mille ? Deux cent cinquante mille, je vous dis ! (*Elle coupe.*)

ROSTISLAV

Avec tout ce qui s'est passé, les révolutions, les guerres, les répressions, eux, ils n'ont pas changé, ils sont restés les mêmes envers et contre tout. Ce sont des purs, des gens propres !

ALLA

Je ne vois vraiment pas de quoi tu parles... Des gens propres... C'est totalement anti-hygiénique, ici... Il faudrait tout désinfecter... Ou encore mieux : tout brûler.

*Le cliquetis de la machine à écrire s'arrête. Entre Natalia Ivanovna. Ils se jettent dans les bras les uns des autres. Ils s'embrassent, encore et encore.*

NATALIA IVANOVNA

Enfin, vous voilà ! Rostik ! Ma petite Alla ! Vous êtes venus sans les enfants ? Quel dommage ! Et où sont Savik et Grounia ? Savik est déjà rentré ? Non ? Vous avez une mine superbe ! Ma petite Alla, tu es très en beauté ! Comme je suis heureuse, mes chéris !

ROSTISLAV (*il parle en même temps que sa mère*)

Joyeuses Pâques ! Le Christ est ressuscité ! On est venus vous souhaiter une bonne fête de Pâques. Alors, comment ça va, ici ? Oh, j'ai oublié les cadeaux dans la voiture ! Je vais les chercher ! Où sont mes sœurs ?

NATALIA IVANOVNA

Où sont les enfants ?

ROSTISLAV

Savik est à Londres, et Grounia est avec sa gouvernante. C'est une nouvelle, elle est très bien, elle parle allemand, anglais et français. Une petite Suissesse, elle est drôle, figure-toi que son arrière-grand-mère était gouvernante en Russie…

ALLA

Natalia Ivanovna ! C'est tellement charmant, ici ! Le terrain est si grand, et ce jardin à l'abandon, c'est tellement romantique ! Comment vont Liolia, et Varia ? Lisa, elle, passe nous voir de temps en temps… Pour la Suissesse, Rostik, c'est encore à voir, j'ai des doutes… Savik est à Londres jusqu'à la fin du mois de mai, ensuite, il doit aller faire un stage au Brésil…

ROSTISLAV

Dis donc, maman, qu'est-ce qui se passe, ici ? La table

est mise, et il n'y a personne... Où est passé tout le monde ?

NATALIA IVANOVNA

Eh bien... Varia dort, elle a passé toute la nuit à l'église, elle n'est rentrée qu'au petit matin... Liolia est partie à Moscou hier avec son mari, Konstantin a une infection à la main, alors ils sont allés voir un chirurgien, et ensuite, ils devaient dormir chez des amis... Et Andreï Ivanovitch... Ah, oui, ça, c'est vraiment une grande nouvelle ! Le mari d'Anna Pavlovna est mort...

ROSTISLAV

Le mari de la Cruelle Gisèle ? Mais je croyais qu'elle était morte depuis longtemps, celle-là !

NATALIA IVANOVNA

Non, non, elle se porte très bien... Elle a demandé à Andreï de venir... Cela fait deux jours qu'il a disparu. Il doit aller à l'enterrement demain.

ROSTISLAV

L'enterrement de son vieux rival ?

NATALIA IVANOVNA

Qu'est-ce que tu racontes, Rostik ?! Ils se voyaient régulièrement depuis des années, ils jouaient aux échecs ensemble... Ils étaient en excellents termes.

ROSTISLAV

Tiens, Alla ! Ça, c'est une de nos histoires de famille ! Exactement ce qu'il te faut ! Tu te souviens de notre oncle ?

ALLA

Bien sûr que je m'en souviens. Il était à notre mariage… Un moustachu. Un hybride de Tchapaïev et de balalaïka… Et puis je l'ai revu ensuite…

ROSTISLAV

Eh bien, il s'est amouraché d'une ballerine quand il était tout jeune. Et après ça, toute sa vie, il a fréquenté uniquement des danseuses…

NATALIA IVANOVNA

Ne l'écoutez pas, Alla ! Ce n'est pas ça du tout ! Il l'a aimée toute sa vie avec dévotion, mais elle en a épousé un autre…

ROSTISLAV

Plusieurs dizaines d'autres !

NATALIA IVANOVNA

Rostik ! Voyons !… C'est vrai qu'elle s'est mariée plusieurs fois. Mais toute sa vie, elle a vu Andreï en secret…

ROSTISLAV

Ça, c'est la version romantique… En réalité, il a passé toute son existence à faire la bringue avec de jeunes danseuses. Et tu remarqueras qu'en plus, c'est un mathématicien ! Il a la tête remplie d'abstractions, l'algèbre de Banach, les espaces de Hilbert… Et toute sa vie, il a couru après des petites danseuses ! Ce n'est pas un bon sujet, ça ? Hein ?

*Entre Andreï Ivanovitch en pardessus, avec un chapeau et une canne.*

ROSTISLAV (*il l'embrasse*)

Bonjour, mon oncle ! Joyeuses Pâques ! Le Christ est ressuscité !

ANDREÏ IVANOVITCH

En vérité, en vérité, Il est ressuscité ! Content de te voir ! Ah, tu es venu avec ta femme ! (*Il baise la main d'Alla.*) Des hôtes de marque ! Ça tombe très bien ! Si on passait à table ?

NATALIA IVANOVNA

Oh, mais où avais-je la tête ? Bien sûr, bien sûr ! À table !

ANDREÏ IVANOVITCH

Mais où sont-ils tous ? Où est Maria Yakovlevna ? Dites donc, elle s'en est donné du mal ! Où est-elle ?

NATALIA IVANOVNA

Elle est allée s'allonger, la pauvre. Elle a une sciatique. Elle a tout préparé et elle est allée se coucher. (*Elle va dans le fond et crie.*) Maria Yakovlevna ! Nous avons de la visite !

ROSTISLAV (*il crie*)

Makania ! (*Son portable sonne. Il répond.*) Oui, Alexeï ? Bien sûr ! On va voir ça... Oui, j'aimerais bien... D'accord, on prend rendez-vous et on en discute. (*À Alla :*) Bortachev a appelé.

ALLA

En personne ?

ROSTISLAV

Eh oui. Il n'avait pas le choix. Il a proposé qu'on se voie.

ALLA

De lui-même ? (*Rostislav hoche la tête.*) Ça alors ! Je n'en reviens pas !

NATALIA IVANOVNA

Makania ! *(À Rostislav :)* Elle va arriver. Elle attendait tellement ton… votre arrivée ! Elle s'y est tellement préparée ! Cela fait trois jours qu'elle est à ses fourneaux !

*Andreï Ivanovitch fouille dans le réfrigérateur et en sort une bouteille de vodka. Maria Yakovlevna entre avec une canne, elle boite beaucoup.*

MARIA YAKOVLEVNA

Faites attention, Andreï Ivanovitch, la porte ferme mal. Rostik ! Mon chéri ! Mon petit garçon ! Alla !

*Elle les embrasse.*

ROSTISLAV

Joyeuses Pâques, Makania ! Le Christ est ressuscité !

MARIA YAKOVLEVNA

Mais oui, mais oui, tant mieux pour lui ! C'est contre mes convictions, bien sûr, mais une fête, c'est toujours une fête !

ROSTISLAV

Notre Makania est l'ennemie jurée de toutes les religions, Alla ! Notre tante est une athée ! (*Il l'embrasse sur la tête.*) Si tous les chrétiens étaient comme elle, il n'y aurait pas de problème !

MARIA YAKOVLEVNA

Oui, je suis athée, Alla. Mais je respecte le point de vue des autres... Tenez, Varia, par exemple. Je la respecte... Et la famille, pour moi, c'est sacré ! Les fêtes, ça passe avant tout ! Je les fête toutes, le Nouvel An, Noël, Pâques, le Sept Novembre et le Premier Mai. Pour moi, toutes les fêtes sont à égalité !

ROSTISLAV

Mais il y en a qui sont particulièrement égales !

MARIA YAKOVLEVNA

Allez, tout le monde à table ! *(Ils prennent place. Rostislav essaye de retourner une chaise.)* Bien sûr, mon défunt frère, votre père, avait plus de principes que moi ! Jamais il n'aurait pris part à un repas de Pâques. Eh oui, c'était une autre époque ! Mais au moins, il y avait de la discipline ! De l'ordre ! Le syndicat, le comité local, le comité régional, c'était réglé comme du papier à musique ! Tandis que maintenant, on vit dans un capharnaüm !

NATALIA IVANOVNA

Fais attention, Rostik, le parquet est défoncé ici, on peut se casser la figure.

MARIA YAKOVLEVNA

Le *koulitch* est un peu brûlé, mais juste sur le dessus. Servez-vous, prenez du cochon de lait, du jambon... Voilà le raifort, la moutarde... Je vous en prie !

ROSTISLAV

Non, non, pas de vodka pour moi ! Je conduis.

*Le portable d'Alla sonne.*

ALLA

Non, adressez-vous à mon agent… Non, non, ce n'est pas moi qui m'occupe de ça. Il faut passer par mon agent. Au revoir.

ANDREÏ IVANOVITCH

Eh bien moi, je ne conduis pas ! Alors je peux ! Je peux toujours ! (*Il se sert et en propose à tout le monde. Tous refusent, sauf Alla.*) Ah, tu as une femme très bien, Rostik ! Vous préféreriez peut-être du cognac, Alla ?

ALLA

Non, non ! J'aime mieux la vodka. Ça désinfecte.

*Entre Varvara.*

TOUS

Varia ! Joyeuses Pâques ! Le Christ est ressuscité !

VARVARA

En vérité, Il est ressuscité !

*Tous se lèvent, ils s'embrassent et se rassoient.*

NATALIA IVANOVNA

Attendez… Et Lisa ? Où est Lisa ?

MARIA YAKOVLEVNA

Dans la mezzanine.

NATALIA IVANOVNA

Il faut l'appeler !

*Maria Yakovlevna se lève et se dirige vers l'escalier en boitant. Lisa descend avec son téléphone.*

LISA

Rostik ! Tu es venu ! En personne ! (*Elle se pend à son cou comme une petite fille et ils s'embrassent avec tendresse.*) Notre général en chef !

*Tout le monde se rassied. Ils commencent à manger.*

ALLA

Non, non, merci, je ne mange pas de viande…

ANDREÏ IVANOVITCH

Ça alors… Quelle coïncidence ! Moi, je ne mange pas de poisson !

MARIA YAKOVLEVNA

À propos, Rostik, ça fait longtemps que je voulais t'en parler… Tu as acheté une voiture à Lisa et maintenant, nous n'arrêtons pas de nous faire du mauvais sang. Une enfant qui se promène toute seule en voiture, la nuit…

LISA

Makania ! Tu as oublié de demander à Rostik, pour les vibrations…

MARIA YAKOVLEVNA

Ah oui, c'est vrai ! Je pose la question à tout le monde et personne ne peut me donner d'explication. Tu comprends, on sent une sorte de vibration dans la maison. Il paraît qu'avant la guerre, il y avait une usine militaire ici, tu en as entendu parler ? Eh bien, moi, j'ai l'impression que de temps en temps, il y a comme une vibration qui vient de sous la terre. Tu ne sens pas ? (*Elle tend l'oreille.*) Non, je crois qu'on ne la sent pas en ce moment. À mon avis, c'est une sorte de vibrateur. Qu'est-ce que tu en penses ?

ROSTISLAV (*il échange un regard avec sa femme*)

Un vibrateur ? Non, je ne suis au courant de rien. Qu'est-ce que tu disais à propos de la voiture ? Quelle voiture ?

MARIA YAKOVLEVNA

Ah, oui ! La voiture... Celle que tu as donnée à Lisa, l'Oka.

ROSTISLAV

Une Oka ? Moi ?

LISA

L'Oka ! Tu m'as fait cadeau d'une Oka. Pour mon anniversaire. Tu as oublié, Rostik ? Une Oka !

ROSTISLAV

Quelle Oka ? Aaah oui, l'Oka...

LISA

Tu ne regrettes pas, hein ? Savik aussi, tu lui as acheté une voiture pour ses dix-huit ans, non ?

ROSTISLAV (*en riant*)

Oui, oui... Bien sûr, de nos jours, sans voiture, on ne peut rien faire... Tu as appris à conduire, au moins ?

LISA

J'ai eu mon bac, j'ai eu mon permis... Tout est en ordre.

MARIA YAKOVLEVNA

Ma petite Alla ! Pourquoi vous ne mangez rien ? Liolia n'est pas là, sinon, vous auriez eu droit à la famille au grand complet.

NATALIA IVANOVNA

Elle a promis de rentrer dans la matinée. Elle ne va pas tarder, je pense… Rostik, tu devrais lui trouver du travail, tu sais.

ROSTISLAV

Je lui en ai déjà trouvé, maman… Au moins trois fois.

MARIA YAKOVLEVNA

Votre défunt père serait tellement heureux…

LISA

Le *koulitch* n'est pas cuit !

MARIA YAKOVLEVNA

Non, Lisa, il est un peu brûlé.

LISA

Le dessus est brûlé, mais l'intérieur n'est pas cuit.

MARIA YAKOVLEVNA

Tu ne manges rien du tout, Rostik ! Alla !

*On frappe à la porte. Entre Sémyone.*

SÉMYONE

Bonne fête tout le monde !

NATALIA IVANOVNA

Joyeuses Pâques, Sémyone !

SÉMYONE

Bon, alors je suis venu rapport à la porte…

MARIA YAKOVLEVNA

Comme c'est bien ! On vous attendait ! Mais qu'est-ce que vous sentez ?

ANDREÏ IVANOVITCH

Si vous reveniez un peu plus tard ? Nous avons des invités…

SÉMYONE

Ben, c'est vous qui m'avez demandé de venir d'urgence, et maintenant que je suis là, vous êtes occupés !

NATALIA IVANOVNA

C'est vrai, vous pourriez peut-être revenir demain ?

MARIA YAKOVLEVNA

C'est le hareng que ça sent ! Oui, ça sent le hareng !

SÉMYONE

Vous m'avez dit que c'était bouché, et patati et patata… Alors du coup, moi, je suis venu…

*Il se dirige vers la sortie. Une fois à la porte, il se retourne. Natalia chuchote quelque chose à Maria Yakovlevna, celle-ci se lève et, en clopinant, rassemble de la nourriture : une bouteille de vodka qu'elle sort du réfrigérateur, du* koulitch, *des œufs, et un gros morceau de jambon.*

SÉMYONE

Faudrait que je vous parle, Andreï Ivanovitch.

MARIA YAKOVLEVNA

Sémyone ! Sémyone ! Tenez, des cadeaux pour vous ! (*Elle se précipite et lui fourre tout dans les mains.*) Je vous en prie !

ANDREÏ IVANOVITCH

Oui, oui, d'accord, Sémyone… On se verra ces jours-ci.

SÉMYONE (*les mains pleines de nourriture*)

Bon, comme vous voudrez… C'est vous qui m'avez dit que c'était urgent, que les toilettes ne marchaient pas… Et maintenant que je suis là, vous avez plus besoin de rien… Je suis venu pour des prunes… La porte, elle est posée contre les toilettes, dehors. (*Il sort, l'air profondément vexé et blessé dans sa dignité.*)

ROSTISLAV

C'est qui, ce râleur ?

MARIA YAKOVLEVNA

C'est notre sauveur, Rostik ! Un bricoleur hors pair ! Il nous répare tout ! Sans lui, la datcha se serait écroulée depuis longtemps. Elle se serait effondrée, tout simplement !

ANDREÏ IVANOVITCH

C'est un contremaître qui travaille dans le coin.

ROSTISLAV

Il a l'air louche, ce type !

NATALIA IVANOVNA

C'est vrai, il nous répare tout…

MARIA YAKOVLEVNA

Oh oui ! C'est un véritable artiste ! Il est capable d'arrêter une puce au galop[22] !

*Alla et Lisa se tordent de rire.*

LISA

Makania ! Pas une puce ! Un cheval ! Il est capable d'arrêter un cheval au galop !

MARIA YAKOVLEVNA

Oh, cessez de ricaner ! Ma parole, vous croyez que c'est facile d'avoir affaire à des gens simples ? Chaque fois, on en a pour dix dollars !

ROSTISLAV

Bon, bon, d'accord ! (*Il s'approche de la fenêtre.*) On est tellement bien, ici ! Ces vieux pins… Il reste encore une partie du verger ? (*Son portable sonne.*) Tu as perdu la tête ? Uniquement avec les producteurs ! Ce n'est même pas la peine d'en parler… (*Il coupe la communication.*)

ANDREÏ IVANOVITCH

Il reste quelques pommiers.

ROSTISLAV

Et les cerisiers ?

ANDREÏ IVANOVITCH

Ça fait longtemps qu'ils sont morts.

MARIA YAKOVLEVNA

D'après les voisins, ils ont gelé.

ROSTISLAV

Cette tonnelle à l'abandon… Et puis cet air pur !

LISA

Tu ne sens donc pas cette odeur épouvantable, Rostik ? Liolia n'arrête pas de s'asperger les mains avec son flacon de Poison, elle dit que c'est le parfum qui cache le mieux les mauvaises odeurs…

ROSTISLAV (*en reniflant*)

Oui, oui… Bien sûr, cette datcha est très vétuste… Cela fait longtemps que je voulais vous en parler.

ALLA (*à Rostislav*)

Ne t'emballe pas, vas-y doucement…

ROSTISLAV

Il serait possible de l'échanger contre une villa complètement neuve, dans la proche banlieue de Moscou. Vous n'y perdrez rien, ni en surface ni en confort… Je dirais même que c'est beaucoup mieux…

*Les répliques suivantes fusent toutes en même temps.*

NATALIA IVANOVNA

Mais qu'est-ce que tu racontes, Rostislav ?

ANDREÏ IVANOVITCH

Partir d'ici ? Quitter cette maison ? Quelle drôle d'idée !

MARIA YAKOVLEVNA

Comment cela ? Mais c'est la maison de votre grand-père ! De votre arrière-grand-père !

VARVARA

Il est devenu fou ! Complètement fou ! Ma parole, mais c'est un nouveau Russe dans toute son horreur !

LISA

Alors là, frérot, tu ne manques pas d'air ! Qui voudrait quitter un dépotoir aussi délicieux ? Jamais de la vie ! Uniquement pour aller à Amsterdam !

VARVARA

C'est le berceau de notre famille…

ANDREÏ IVANOVITCH

Mais calme-toi, Varia, personne n'a l'intention de quitter notre datcha. Ni pour l'échanger ni pour la vendre.

*Une pause. Puis la conversation reprend.*

NATALIA IVANOVNA

Le domaine sur lequel se trouve actuellement la maison est revenu en dot avec le village de Pokrovski à une de nos arrière-arrière-arrière-grands-mères du vivant de Pouchkine. En 1828, j'ai tout ça noté quelque part… Elle était née von Mekk.

VARVARA

Notre arrière-grand-père s'est marié dans l'église du village…

ROSTISLAV (*à Alla*)

Alors ? Qu'est-ce que je t'avais dit ? (*Aux autres.*) Je plaisantais ! C'est juste que pendant une seconde, je vous ai tous imaginés dans une nouvelle maison, en parfait état, où rien ne fuit et où rien ne tombe en morceaux, où tout fonctionne…

VARVARA

Tu veux parler d'une rénovation à l'européenne ?

*Éléna entre avec Konstantin. Il a la main bandée.*

ROSTISLAV

Ça y est, la famille est au complet !

ÉLÉNA

Bonjour, Rostik ! Viens ici que je t'embrasse ! Ah, tu es avec ta femme ! Salut ! Qu'est-ce qui se passe ici ?

ROSTISLAV

J'ai émis l'idée que je pourrais vous acheter une maison neuve. Plus grande et plus confortable.

ÉLÉNA

Comment ça ? Et les tombes ?

MARIA YAKOVLEVNA

Quelles tombes ?

ÉLÉNA

Eh bien… Les tombes de la famille… Nos ancêtres sont enterrés ici.

MARIA YAKOVLEVNA

Nikolaï, lui, il est au cimetière de Novodiévitchi !

ÉLÉNA

Si on fait des réparations, on peut très bien continuer à vivre ici…

ALLA (*à Rostislav*)

Bon, il faut s'y prendre autrement.

ROSTISLAV

Je t'adore !

VARVARA (*à Éléna*)

Tout le monde veut faire des rénovations à l'européenne ! Ils sont obsédés par leurs rénovations !

KONSTANTIN

Tu sais, Liolia, je n'ai plus mal à la main, mais tous mes chakras me font souffrir.

ROSTISLAV

Pourquoi une rénovation à l'européenne ?

MARIA YAKOVLEVNA

On peut juste réparer, tout simplement…

ANDREÏ IVANOVITCH

Il y a cent ans, ces datchas ont été construites selon le dernier cri de la technique !

ROSTISLAV

Bon, bon, j'ai compris… Je suis pour la paix dans le

monde ! Alors on va continuer à vivre comme on a toujours vécu...

KONSTANTIN

Concentre-toi sur le feu, concentre-toi sur le feu...

ALLA (*à Eléna*)

Mais qu'est-ce qu'il a ? Il est un peu...

ÉLÉNA

Oh, toi, concentre-toi sur tes oignons !

ALLA

Ne sois pas grossière, ma petite. Sinon, on arrête nos allocations !

NATALIA IVANOVNA

Grand-mère Ania est morte ici, dans cette maison. Elle avait quatre-vingt-dix-sept ans, et elle avait fréquenté tous les plus grands artistes, elle connaissait Vladimir Soloviev et Sarah Bernhardt !

ANDREÏ IVANOVITCH

Mais qu'est-ce que Sarah Bernhardt vient faire là-dedans, Natacha ?

VARVARA

C'est une discussion de principe ! On n'est pas seulement en train de parler du sort de notre vieille maison, mais du destin du pays tout entier !

ROSTISLAV

Mais tu as une mentalité de chef d'État, Varvara !

KONSTANTIN

Enlevez-moi cette foutue prana ! Elle est en train de bouillir !

ÉLÉNA

Kostia ! Kostia ! Mais qu'est-ce qui te prend ?

*Konstantin a de la fièvre et il délire, mais pour l'instant, personne ne s'en rend compte.*

VARVARA

Eh bien oui ! J'ai une mentalité de chef d'État ! Si un grand pays est dirigé par des cancres, il faut bien que quelqu'un s'en occupe, tout de même !

ROSTISLAV

On s'en est déjà occupé sans toi, va !

ANDREÏ IVANOVITCH

Quelle pensée intéressante, Varia ! Elle a raison, cette petite : ce pays est dirigé par des cancres !

ROSTISLAV

Ne te mets pas dans cet état, sœurette. Ceux qui nous dirigeront, ce sera ceux qu'on aura choisis nous-mêmes.

ALLA

Vas-y doucement…

ÉLÉNA

Tu sais, Rostik, ton idée de datcha n'est peut-être pas si mauvaise que ça, mais ce serait mieux si tu nous installais dans deux maisons. On est quand même un peu trop nombreux pour une seule, non ?

KONSTANTIN

Des chats, il y a des chats partout ! Il faut les envoyer en Chine ! En Inde !

ÉLÉNA (*à Konstantin*)

Mais qu'est-ce que tu as ? Tais-toi donc !

VARVARA

Le prince Chtcherbatov avait déjà écrit un essai « Sur la détérioration des mœurs en Russie ».

NATALIA IVANOVNA

C'était il y a deux cents ans !

VARVARA

Oui ! Deux cents ans ! Et trois cents ans ! C'est vers la Russie d'avant Pierre le Grand qu'il faut regarder !

LISA

Allez, allez ! Et Vladimir Monomaque ! Et Iaroslav le Sage !

ANDREÏ IVANOVITCH

Et Tchaadaïev ? Tu n'as pas lu les *Lettres philosophiques*, de Tchaadaïev ?

VARVARA

Ton Tchaadaïev, c'est un catholique !

NATALIA IVANOVNA

Mais les catholiques sont des chrétiens, eux aussi !

ANDREÏ IVANOVITCH

Il avait des façons de voir européennes !

VARVARA

Ce sont des hérétiques !

ANDREÏ IVANOVITCH

Il existe des idées universelles, mon petit ! Les Romains avaient déjà posé les fondements de l'universalisme !

LISA

Allez, vas-y, Dioudia ! Continue à farfouiller là-dedans ! Oh, j'adore notre petite famille !

NATALIA IVANOVNA

Dans la famille, on a toujours eu des idées d'avant-garde !

ALLA (*à Rostislav*)

À mon avis, la conversation est partie dans la bonne direction.

ROSTISLAV

Oh, comme d'habitude…

VARVARA

Ces idées occidentalistes ont toujours été un poison pour la Russie !

ÉLÉNA

Deux datchas, c'est une bonne idée. Tu ne trouves pas, Rostislav ?

VARVARA

La Russie doit suivre sa propre voie !

LISA

La Russie ne se comprend pas par l'intelligence[23] !

ANDREÏ IVANOVITCH

N'oublie pas non plus les théories des Eurasiens !

VARVARA

Ah, oui ! Il y a aussi les théories des Eurasiens !

MARIA YAKOVLEVNA

Mais quel rapport tout cela a-t-il avec les toilettes ? Rostik, tu ne sais pas pourquoi elles ne fonctionnent plus ?

ROSTISLAV

Si, Makania, je sais pourquoi.

VARVARA

Il y avait un germe très sain dans les théories eurasiennes !

*Le portable d'Alla sonne. Elle répond.*

ALLA

Allô ? Allô ? Zut, ça a coupé.

*Elle appuie sur une touche. Le portable de Rostislav sonne.*

ROSTISLAV

Allô !

ALLA

Qu'est-ce qui se passe ?

ROSTISLAV

Tu as fait mon numéro ?

ALLA

Non. Et toi ?

ROSTISLAV

J'ai dû appuyer sur une touche sans faire exprès…

*Ils coupent tous les deux leur téléphone.*

MARIA YAKOVLEVNA

On ne peut pas les réparer ?

ROSTISLAV

Non, c'est impossible.

ANDREÏ IVANOVITCH

Et n'oublie pas le communisme !

MARIA YAKOVLEVNA

Ah, ne touchez pas à mon défunt frère ! C'était un honnête communiste ! Si tout le monde avait été comme lui ! C'était un matérialiste, et il y croyait dur comme fer !

LISA

Maman ! Tu pourrais m'expliquer un jour exactement en quoi papa croyait dur comme fer ?

MARIA YAKOVLEVNA

La Russie a besoin d'une main ferme ! De discipline ! Et de syndicats !

VARVARA

Elle a besoin d'une grande idée nationale !

KONSTANTIN (*d'une voix forte, couvrant celles de tout le monde*)

Hare Krishna !

*Il tombe. Varvara se lève, crache par terre et sort.*

NATALIA IVANOVNA

Varia ! Mais où vas-tu ?

LISA

Rostik ! Dis-moi, toi, de quoi a besoin la Russie ! D'une main ferme, ou d'une idée nationale ?

ROSTISLAV

Elle a besoin d'investissements.

ALLA

Rostik, je crois qu'il est temps que… que nous nous y prenions autrement… Je pense qu'il va falloir donner son congé à l'Anglais.

ROSTISLAV

Je m'en occuperai dès qu'on sera dans la voiture.

MARIA YAKOVLEVNA

On a vendu la Russie !

ANDREÏ IVANOVITCH

Et on l'a mal vendue ! Les Russes sont incapables de vendre quelque chose correctement ! C'est ça, notre malheur !

ROSTISLAV

Oui, ma Doussia, il est temps que nous nous y prenions autrement… Maman ! Je pars demain à Bangkok pour trois jours, ensuite, je vais à Oulan-Bator, et je serai rentré vendredi. Je t'appellerai. Ah, oui ! Les cadeaux ! Lisa, viens m'aider à aller les chercher dans la voiture !

*Il prend sa femme par la taille.*

MARIA YAKOVLEVNA

Pourquoi est-ce que personne ne mange ? Rostik ! Alla ! Vous n'avez rien mangé !

ALLA

Merci, c'était délicieux. Je reste à Moscou, Natalia Ivanovna. Si vous avez des questions à propos de mon texte, appelez-moi. Au revoir, mes chéris ! On ne s'ennuie jamais, avec vous !

*Ils sortent avec Lisa. Un long silence.*

MARIA YAKOVLEVNA

Je ne comprends pas ce qu'il a voulu dire.

NATALIA IVANOVNA

Varia est dans tous ses états.

ANDREÏ IVANOVITCH

Natacha, tu n'as toujours pas retrouvé mon costume noir ?

NATALIA IVANOVNA

Si, si. Il était dans l'armoire anglaise, dans le bureau de papa. Je l'ai mis dans ta chambre.

ANDREÏ IVANOVITCH

Merci, Natacha.

VARVARA (*revient dans le salon*)

Retenez bien mes paroles ! Tout cela va se terminer par une catastrophe !

NATALIA IVANOVNA

Allez, ma chérie, assieds-toi, et ne prends pas les choses tellement au tragique ! Pourquoi vois-tu le monde sous un jour aussi noir ? Pourquoi une catastrophe ? Il existe des forces nouvelles ! Une nouvelle génération ! Ils travaillent, ils gagnent de l'argent. Des gens comme Rostislav, comme son fils Savik... Ils vont relever le pays !

VARVARA

Ils n'y arriveront pas. Pas ces gens. Et dans un million d'années, ce sera toujours pareil ! C'est une catastrophe !

MARIA YAKOVLEVNA

Et alors ? On en a déjà vu des catastrophes, dans notre vie ! Et on s'en est toujours sortis !

LISA (*elle entre avec des cadeaux plein les bras*)

Une bonne catastrophe, ça remet les choses en place. Moi, je ne suis pas contre !

ANDREÏ IVANOVITCH

Ça, c'est sûr, les catastrophes, ça donne un coup de fouet, mais nous avons vécu toute notre existence à une époque de catastrophes. On aimerait bien voir ce que ça fait, de vivre sans catastrophes...

MARIA YAKOVLEVNA

Moi, ce qui m'inquiète, ce sont les toilettes.

NATALIA IVANOVNA

En sciences naturelles, il existe une théorie des catastrophes, j'ai traduit un article là-dessus un jour…

VARVARA

Seigneur ! Quelles toilettes ? Le monde est en train de voler en éclats ! Le pays est en train de s'écrouler ! C'est un désastre démographique ! Une décadence morale comme à Rome ! L'Apocalypse ! Et nous sommes là, assis autour d'une table, à discuter sur la théorie des catastrophes ! Mais elle se produit déjà, la catastrophe ! Ici et maintenant !

*Rostislav entre, avec encore quelques paquets.*

ROSTISLAV

Quelle catastrophe ? De quoi vous parlez ? Tout va très bien ! L'économie se redresse, il y a de plus en plus d'investissements, on éponge les dettes, on baisse les impôts ! Mieux encore : chacun reçoit selon ses besoins, et on demande à chacun selon ses possibilités. Enfin, ça, ça s'applique uniquement à notre famille, c'est vrai. Tenez ! Voilà ! Prenez ça ! Je vous embrasse tous ! Je n'ai plus une seconde !

*Il sort.*

LISA

Mais c'est la fin du monde ! Regardez-moi les cadeaux que Rostik a apportés ! Tu as vu ça, maman ? Un plat à fondue ! On va pouvoir faire des fondues ! Des petits verres… Ça, bien sûr, c'est pour Dioudia. Un coupe-papier ! En ivoire ! Une couverture électrique ! Ça, c'est pour Varia, elle a tout le temps froid. Et ça, c'est pour toi, maman ! (*Elle lui tend une boîte plate contenant un foulard.*) C'est une écharpe pour homme, mais ça vient de chez Hermès. On voit que c'était son anniversaire il n'y a pas longtemps. De ravissants cadeaux qui lui sont restés sur les bras ! Et ça, c'est pour moi, sa sœur préférée !

ÉLÉNA

C'est quoi ? C'est quoi ?

LISA

Un agenda électronique.

ÉLÉNA

Oh ! Pourquoi pour toi ? J'en ai justement besoin…

LISA

Eh bien, tu t'en passeras !

KONSTANTIN (*toujours couché par terre*)

Du verre ! Du verre ! Ne me touchez pas ! Du verre !

NATALIA IVANOVNA

Mes enfants ! Mais qu'est-ce que c'est que cette façon de se conduire !

*Le téléphone fixe sonne. Personne ne répond.*

ÉLÉNA

Allez, donne-moi ça ! Je suis l'aînée ! Ça n'est écrit nulle part que c'est pour toi ! Tu prends toujours tout !

LISA

Ça me revient de plein droit ! Je suis la plus jeune !

VARVARA

Arrêtez ! Vous n'avez pas honte ?

*Andreï Ivanovitch boit un petit verre en douce, Natalia le menace du doigt. Le téléphone sonne toujours.*

MARIA YAKOVLEVNA

Mais répondez, à la fin ! (*Elle se dirige vers le téléphone en clopinant et décroche.*) Allô ! Allô !... *Ein moment !* C'est un étranger !

*Lisa et Éléna se précipitent sur le téléphone, mais Éléna est la première à prendre le combiné. Elle tire la langue à sa sœur.*

ÉLÉNA

*Listening ! Oh, yes ! What happened ?... Really ? We'll invite the plummer !... Why ?... We could discuss it !... Well !... To increase the rent ! But we have the contract at last !... As you like, mister Roberts.*

*Elle raccroche avec irritation.*

NATALIA IVANOVNA

Que se passe-t-il ? Liolia ! Mais que se passe-t-il ?

ÉLÉNA

Les toilettes ne marchent plus.

MARIA YAKOVLEVNA

Ça, on sait, ça fait longtemps… Mais pourquoi tu parlais anglais ?

ÉLÉNA

C'est à Moscou ! Les toilettes ne marchent plus dans notre appartement de Moscou, et ce crétin d'Anglais est parti. Voilà ce qui se passe !

NATALIA IVANOVNA

C'est une catastrophe…

MARIA YAKOVLEVNA

Mon Dieu ! Mais avec quoi allons-nous vivre ? Il me reste quatre-vingts dollars.

ANDREÏ IVANOVITCH

Mes chers enfants ! Je suis obligé de vous quitter. Je dois retourner à Moscou. L'enterrement a lieu demain… Lisa ! Tu me déposes à la gare ?

*Il va dans sa chambre.*

NATALIA IVANOVNA

Liolia ! Et si on emmenait Sémyone à Moscou, pour qu'il répare là-bas ? Je ne vois absolument pas…

ÉLÉNA

Pourquoi tu ne demandes pas une avance à Evdokia Kalouguina ?

NATALIA IVANOVNA

Oh, je déteste toutes ces histoires d'argent !

VARVARA

C'est vrai, ça, maman !

NATALIA IVANOVNA

Le problème, c'est que cette avance a déjà été versée et dépensée...

ÉLÉNA

Mais... Quand cela ?

NATALIA IVANOVNA

Avec quel argent crois-tu que tu as vécu trois mois à Paris avec Kostia ? Et Lisa, avec quel argent elle a fait son voyage à Amsterdam ?

VARVARA

C'est une catastrophe... Il faut téléphoner à Rostislav... Il n'a qu'à inventer quelque chose. Il avait bien trouvé cet Anglais, il pourra peut-être en trouver un autre !

*Natalia se dirige résolument vers le téléphone et compose un numéro.*

NATALIA IVANOVNA

Rostik ! Tu n'es pas encore arrivé ? Tu es sur la route ?... Nous avons un problème... Les toilettes ne marchent plus dans l'appartement de Moscou, et l'Anglais a déménagé... (*Silence.*) Tu crois ?... Ah bon ? Tu ne pourras pas ?... Tu ne sais pas ?... Tu vas essayer ?... Non, c'est impossible... Mais tu ne pourrais pas... Non, c'est impossible... Bon. Merci, mon garçon... Oui, oui, je réfléchis. Je sais. Je comprends. Oui, oui.

*Elle raccroche et s'assied sans rien dire à côté du téléphone.*

MARIA YAKOVLEVNA

Pourquoi personne ne mange ? Prenez du cochon de lait ! Du *koulitch* ! De la *paskha* !

*Andreï Ivanovitch entre, vêtu d'un costume noir, son pardessus au bras et sa canne à la main.*

ANDREÏ IVANOVITCH

Je pense que je serai de retour après-demain, Natacha...

NATALIA IVANOVNA (*fouillant précipitamment dans la boîte à pharmacie*)

Prends ton médicament pour le cœur, Dioudia... Mais où sont les gouttes pour le cœur ? Il y en avait plein. Il n'y a que de l'iode, je me demande bien pourquoi... Cinq... huit flacons d'iode !

ANDREÏ IVANOVITCH

Ne t'en fais pas, Natacha... Ne t'en fais pas. Tu sais bien comment ça se passe... Chaque fois, c'est la catastrophe, et finalement, les choses se terminent toujours bien. Tout le monde reste en vie !

LISA

Mais où tu vas, Dioudia ?

ANDREÏ IVANOVITCH

Comment ça, où je vais ? Mais à l'enterrement !

*Lisa prend les clés de sa voiture, son téléphone portable, et une tablette de chocolat.*

MARIA YAKOVLEVNA

Lisa ! Tu ne dois pas manger de chocolat ! Retiens-toi, voyons !

LISA

On y va, Dioudia. Je te conduis à la gare…

NATALIA IVANOVNA

Attends, Lisa ! Ne partez pas. Je dois vous informer de ce que vient de me dire Rostislav. Il a dit qu'on ne pouvait plus louer notre appartement tant qu'on ne l'aura pas entièrement rénové. Qu'il ne peut pas s'en occuper pour l'instant, parce qu'il est sur un très gros projet. Il ne peut pas non plus nous donner d'argent en ce moment, parce qu'il a mis tout ce qu'il avait dans ce projet. Et dans les mois à venir, nous allons devoir nous débrouiller tout seuls.

ÉLÉNA

Ça, c'est un coup de l'écrivain Evdokia Kalouguina !

NATALIA IVANOVNA

Mais qu'est-ce que tu racontes, Liolia !

MARIA YAKOVLEVNA

C'est une catastrophe !

NATALIA IVANOVNA

Non, ce n'est pas une catastrophe ! Seulement, tout le monde va devoir se mettre à travailler.

LISA

Pas à travailler, maman, à gagner de l'argent ! Allez, Dioudia, on y va !

*Elle prend Andreï Ivanovitch par le bras, il se rengorge.*

ÉLÉNA

Bon, et alors ? Je vais travailler. Et Kostia aussi va travailler…

KONSTANTIN

Dans la troisième partie… L'enre… L'enregistrement… et l'application… Oh, bordel de merde…

*Il prend une pose compliquée, peut-être celle d'un pont.*

ÉLÉNA

Et Varvara aussi va travailler !

VARVARA

Mais pas pour ce gouvernement !

NATALIA IVANOVNA

Varia ! Qu'est-ce qu'il a donc fait pour te déplaire, ce gouvernement ?

VARVARA

Ce gouvernement a dévalisé le peuple ! Il a détruit un grand pays !

ANDREÏ IVANOVITCH

Mais quel grand pays, Varia ? Et les tortures, les exécutions, les invasions ? !

*Il sort avec Lisa.*

VARVARA

Il n'y a plus de tortures ni d'exécutions ni d'invasions, maintenant ! En revanche, que de souffrances[24] ! Non, je ne travaillerai pas pour ce gouvernement !

MARIA YAKOVLEVNA

Eh bien, ne travaille pas pour lui, travaille pour toi ! Pour la famille !

NATALIA IVANOVNA

Chacun doit mettre la main à la pâte…

MARIA YAKOVLEVNA

Vous avez fini de manger ? Alors passez-moi les assiettes sales, s'il vous plaît.

*Maria Yakovlevna ramasse la vaisselle sale, la met dans l'évier et ouvre le robinet. On entend des gargouillis. Il n'y a pas d'eau. Elle tourne le robinet avec énergie. Il lui reste dans la main. Il n'y a toujours pas d'eau. On entend des gargouillis dans les canalisations.*

VARVARA

Nos ancêtres ont travaillé d'arrache-pied, et qu'avons-nous reçu ?

MARIA YAKOVLEVNA

Il n'y a pas d'eau. Pas une goutte. Liolia, téléphone au service d'entretien, demande-leur ce qui se passe. Et quand ils vont remettre l'eau.

*Éléna compose le numéro.*

ÉLÉNA

Allô, le service d'entretien ? Oui, ce sont les Lépiokhine. Qu'est-ce qui se passe avec l'eau ?... Quoi ? Vous plaisantez ? Mais qu'est-ce que nous allons faire ? Quel puits ? En commander ? Où ça ? Vous voulez rire ? (*Elle raccroche.*) On est dans la merde !

NATALIA IVANOVNA, MARIA YAKOVLEVNA, VARVARA

Éléna !!!

ÉLÉNA

Eh bien oui ! C'est exactement ça ! On a coupé l'eau.

MARIA YAKOVLEVNA, NATALIA IVANOVNA

Mais pourquoi ?

ÉLÉNA

Pour rien. Comme ça. Et pas à nous personnellement, mais à tout le village ! À cause de je ne sais trop quelle ligne rouge. Personne ne peut rien expliquer ! Une certaine société « Rostinvest » a acheté presque toutes les maisons du village. Et il n'y aura plus d'eau.

MARIA YAKOVLEVNA

Mais comment je vais faire pour laver la vaisselle, moi ?

ÉLÉNA

Eh bien maintenant, il va falloir aller chercher de l'eau au vieux puits, à l'entrée du village.

NATALIA IVANOVNA

Mais qui va aller la chercher ?

ÉLÉNA

Pas Konstantin, lui, il a sa main ! Pour l'eau potable, on peut en commander au supermarché le plus proche… Des grosses bouteilles d'eau minérale.

MARIA YAKOVLEVNA

Quelle eau minérale ? Quel supermarché ? Mais c'est une catastrophe !

NATALIA IVANOVNA

Varia, mets de l'eau à chauffer, s'il te plaît.

*Varvara prend la bouilloire, se dirige vers l'évier et s'arrête net.*

VARVARA

Mais il n'y a pas d'eau !

ÉLÉNA

Il y a un tonneau plein d'eau près du perron.

VARVARA

Mais elle date de l'année dernière, cette eau, et elle vient des gouttières. Elle est croupie.

MARIA YAKOVLEVNA

De toute façon, on va la faire bouillir. Et puis on n'en a pas d'autre.

*La lumière s'allume brusquement.*

ÉLÉNA

Mais qu'est-ce qu'ils ont ?

KONSTANTIN

Fais bien attention au temps qui s'écoule entre deux respirations…

NATALIA IVANOVNA

J'ai toujours dit que les machines à écrire présentent un avantage incontestable sur les ordinateurs. Au moins, avec elles, on ne dépend pas de l'électricité.

ÉLÉNA

Et alors? On dépend des lampes à pétrole! Et du pétrole, où veux-tu en trouver, maintenant? Dans ce cas, autant utiliser des plumes d'oie!

MARIA YAKOVLEVNA

Non, bien sûr, il n'est pas question de la boire, cette eau, mais on peut parfaitement laver la vaisselle avec… Avant, la maison n'arrêtait pas de trembler, et maintenant, il y a une drôle d'odeur, on dirait du caoutchouc qui brûle. Ou c'est une impression?

NATALIA IVANOVNA

C'est votre imagination, Maria Yakovlevna!

VARVARA

Ça sent le caoutchouc brûlé.

ÉLÉNA (*elle se vaporise du parfum sur les mains et sent*)

Non, ça ne sent rien.

VARVARA

À quoi me servira une couverture électrique, s'il n'y a pas d'électricité?

ÉLÉNA

Tu n'as qu'à en faire cadeau à ton monastère.

NATALIA IVANOVNA

Bon. Au bout du compte, ce sont juste des conditions nouvelles. Je vais travailler.

MARIA YAKOVLEVNA

Ça sent le caoutchouc brûlé…

*Une petite explosion, un éclair, et l'électricité s'éteint.*

MARIA YAKOVLEVNA

C'est le chauffe-eau !

NATALIA IVANOVNA

Au feu !

KONSTANTIN

Je dis… Un en… Un en… Un enregistrement… et une application… dans la troisième partie…

ÉLÉNA

Kostia ! Kostia, mais fais quelque chose ! *(Elle s'accroupit à côté de lui.)* Kostia est inconscient ! À l'aide ! Il faut appeler les urgences ! Vite !

VARVARA

De l'eau ! De l'eau ! Où y a-t-il de l'eau ? Liolia ! Appelle le service d'entretien ! Mon Dieu, toute cette fumée !

MARIA YAKOVLEVNA

Au feu !

VARVARA

Quel cauchemar !

ÉLÉNA

Lisa ! Où est Lisa ? Il faut appeler une ambulance ! Kostia est en train de mourir !

## INTERMÈDE

*La scène est plongée dans l'obscurité. Des gens passent en courant dans les ténèbres et la fumée qui devient de plus en plus dense. Une musique composée des sons de la batterie, du tocsin, de sonneries de téléphones, de sirènes de pompiers, de mélodies au piano jouées par Andreï Ivanovitch, du cliquetis de la machine à écrire, de miaulements déchirants de la chatte, et de grondements de marteau-piqueur. Sur ce fond sonore, les répliques suivantes :*

— C'est une catastrophe !
— Ce n'est pas une catastrophe, c'est un incendie !
— Il faut travailler ! Je travaille comme une bête de somme !
— Où est-ce qu'il y a de l'eau ?
— Où sont les seaux ?
— Je refuse de travailler pour ce gouvernement !
— Mais où sont les voisins, bon Dieu ?
— Où est Lisa ?
— Où sont mes traductions ? Sauvez mes manuscrits !
— Et la chatte, où est-elle ?
— Les urgences ! Il faut appeler les urgences !
— C'est Pâques ! La sainte fête de Pâques !
— Lisa ! Retiens-toi, voyons !

— Où est le thermomètre ?
— Où est maman ?
— Ermolaï avait acheté le domaine le plus magnifique qui soit au monde !
— Makania ! Où est Makania ?
— Moscou a brûlé à midi[25] !
— Notre pays est dirigé par des cancres !
— La datcha tombe en petits morceaux ! Il n'y a donc personne pour faire quelque chose ?
— Où est Rostislav ?
— Il est en train de mourir ! Un médecin !
— On brûle ! C'est la fin du monde ! On brûle !
— Mais où sont les pompiers ?
— Où est le thermomètre ?
— Il faut travailler ! Il faut travailler dur ! Je n'ai jamais travaillé de toute ma vie !
— Mes traductions, où sont mes traductions ? Sauvez mes manuscrits !
— Pékin. Une pneumonie atypique sévit là-bas. Des vaccins contre la rage pour tout le monde !
— Où est l'échelle ?
— Il y a un de ces climats chez nous… Il peut se mettre à neiger à tout moment !
— Les sinistrés sont là ! Il faut leur donner des affaires[26] !
— Des vaccins contre la rage !
— Lisez le prince Chtcherbatov !
— Lisez Tchaadaïev !
— Tchekhov, lisez Tchekhov !
— Les idéaux du bien et de la conscience sociale !
— Bordel de merde !
— Konstantin !!
— Où est Dioudia ? Où est Lisa ?
— C'est Pâques ! La sainte fête de Pâques !

— Les toilettes ne marchent plus !
— Au feu !
— Mais où cours-tu comme ça ?
— Il faut faire venir quelqu'un ! Où est Sémyone ?
— Il ne faut pas idéaliser le passé !
— Il ne faut pas idéaliser l'avenir !
— Ne laissez pas le pape mettre les pieds ici !
— Deux ou trois cents ans, c'est tout !
— C'est Pâques ! La sainte fête de Pâques !
— Vous menez une vie terne, vous parlez pour ne rien dire !
— C'est une catastrophe ! Je ne peux pas travailler !

# ACTE III

*C'est l'été. La façade de la datcha. Elle a un peu brûlé, mais elle tient encore debout. La vie se déroule dans le jardin. Il y a trois feux sur lesquels sont posées des bassines en cuivre. Un tas de bûches. Toute une batterie de grandes bouteilles en plastique remplies d'eau minérale. Un hamac. Une chaise longue. Une table de jardin avec, dessus, une lampe à pétrole. Autour, les chaises, dont plusieurs à l'envers. Un petit lavabo rudimentaire (typique des campagnes russes) est accroché à un arbre. De l'autre côté de l'arbre, une échelle. Une batterie. Les toilettes ont une belle porte toute neuve. Une corde avec du linge qui sèche. Une lessiveuse en aluminium posée sur un tabouret. Une petite tente de randonneurs est montée dans le jardin. Sur le balcon de la mezzanine, Lisa est assise dans la pose du lotus, avec son portable. À part elle, on ne voit personne.*

LISA

… Bon, alors on s'accroupit, comme ça… On attrape ses jambes sous les genoux… On serre fort, le plus fort possible. Voilà. Et on s'envole… Tu sens ? Non ? Tu ne voles pas ? Bon, on va essayer encore un coup… Mets tes mains sous mes genoux. Serre bien fort… Maintenant, on monte… Oh ! Comme c'est agréable ! On va s'envoler !

Alors, tu voles ? (*Elle gémit.*) Oooooh ! Tu te sens bien ? Et voilà ! Super ! La séance est terminée.

*Lisa coupe son portable. On entend le cliquetis de la machine à écrire. Un lit de camp qui grince. La chatte pousse des miaulements implorants. Varvara sort de la maison. Elle se dirige vers le lavabo et se lave les dents. Puis elle entre dans les cabinets. Konstantin sort de la tente, il a un gant blanc à la main droite. Il se dirige vers les toilettes. C'est occupé. Il s'approche du lavabo, tripote la soupape. Cela sonne creux. Il s'approche de l'arbre et se soulage. Varvara sort des toilettes et le voit.*

VARVARA

Il fut un temps où cette maison était habitée par des gens convenables !

KONSTANTIN (*en reboutonnant son pantalon*)

Ah bon ? Quand ça ?

LISA (*d'en haut*)

C'était avant le matérialisme historique !

VARVARA

Nous n'avons jamais eu de goujats dans la famille !

LISA

Laisse-le tranquille ! Il vient d'avoir une septicémie.

*Konstantin prend la pose de l'arbre, Varvara s'adresse à Lisa :*

VARVARA

Pourquoi tu t'es levée si tôt ?

LISA

Je vais acheter des cerises ce matin.

VARVARA

Tu ferais mieux d'y aller demain. C'est une grande fête, aujourd'hui. La Transfiguration de Notre-Seigneur. C'est un péché de travailler...

LISA

Ah, oui ! Le six août selon l'ancien calendrier / La Transfiguration de Notre-Seigneur[27]...

VARVARA

Comment tu sais ça ?

LISA

Je l'ai appris à l'école.

VARVARA

Si tu veux, on peut aller à l'église ensemble. Il y a un office tellement beau, aujourd'hui ! La bénédiction des fruits de la terre. On apporte à l'église les premiers fruits... Les premières pommes... Dis-moi, Lisa, on avait bien deux pommiers, avant ? Peut-être qu'on trouvera quelques pommes... J'aimerais bien faire bénir quelque chose...

LISA

Non, Varia. On les a abattus il y a deux semaines.

VARVARA

Comment ça ?

LISA

Ils sont morts l'été dernier. Ou alors ils ont gelé. On a déjà fait cuire de la confiture dessus.

*On entend le cliquetis de la machine à écrire. Varvara met un fichu.*

LISA

Notre petite maman est déjà à son poste !

VARVARA

Elle travaille du matin au soir, et pour rien du tout !

LISA

Tu crois qu'Alla ne va pas la payer ?

VARVARA

Pourquoi ça ? Bien sûr que si, elle va la payer. Des clopinettes. Tu sais à quel tarif elle la paie ? Cent dollars.

LISA

Et alors ? Cent dollars, c'est pas mal.

VARVARA

Pour vingt-quatre feuillets ? Cent dollars pour vingt-quatre feuillets ?

LISA

Ah, dans ce cas, oui, c'est vraiment des clopinettes !

VARVARA

Tu peux le dire !

LISA

Mais c'est du vol !

VARVARA

C'est bien ce que je dis… Il est vrai que la traduction est épouvantable.

LISA

Mais une traduction épouvantable, ça ne vaut rien du tout !

VARVARA

Et le travail, alors ?

LISA

Un travail mal fait ne vaut rien. C'est du vol ! Vol-au-vent, pigeon vole !

*Les cloches sonnent l'office.*

VARVARA

Mais de quoi on est en train de parler… Tu ferais mieux de venir à l'église avec moi. C'est tellement bien ! Cela purifie l'âme. À propos… J'ai appris récemment le nom de la grand-mère d'Alla… Tu veux savoir ? Elle s'appelait Goldfish !

LISA

Et alors ?

VARVARA

Goldfish !

LISA

Mon Dieu ! Goldfish ? Quelle horreur ! Nous qui sommes apparentés à Bonaparte, à Tourgueniev, à Alexandre de Macédoine ! Polluer notre sang comme ça !

VARVARA

Ce que tu es bête, Lisa !

LISA

Ah bon ? Eh bien moi, je pense que je suis la plus intelligente de la famille ! Et toi, je crois bien que tu dérailles !

*Varvara s'en va, vexée. La machine à écrire se tait, Natalia Ivanovna sort et se dirige vers les toilettes.*

LISA (*d'en haut*)

Bonjour maman !

NATALIA IVANOVNA

Tu t'es levée avec les poules, ce matin !

LISA

Tu me donneras ta traduction à lire ?

NATALIA IVANOVNA

Avec plaisir ! Quel intérêt inattendu ! Tu n'as pas lu les livres d'Alla en russe, comme ça, au moins tu les liras en anglais ! Ce n'est pas si mal. Je dirais même que c'est d'un bon niveau moyen.

LISA

Non, maman, ces conneries ne m'intéressent absolument pas. Tu sais bien que moi, je lis un autre genre de conneries, des conneries américaines ! C'est juste que Varia a dit que ta traduction était épouvantable. Alors je veux savoir qu'est-ce qui est épouvantable, si c'est ta traduction ou bien le caractère de ma sœur...

NATALIA IVANOVNA

Comment ça, épouvantable ? J'ai travaillé pendant vingt ans comme professeur agrégé !

LISA

Maman ! Décidément, on ne peut rien dire, ici, tout le monde se vexe !

*Natalia Ivanovna se dirige vers les toilettes en marmonnant et en secouant la tête. Maria Yakovlevna sort de la maison, un gros livre à la main. Elle chausse ses lunettes, s'assied à la table et feuillette le livre.*

MARIA YAKOVLEVNA

Numéro deux mille huit cent vingt-deux. La confiture de groseilles à maquereau du tsar !

*Natalia Ivanovna sort des toilettes et s'approche d'elle.*

NATALIA IVANOVNA

Bonjour, Maria Yakovlevna ! Vous avez bien dormi ?

MARIA YAKOVLEVNA

Affreusement mal. Ça a tremblé toute la nuit. Vous n'avez pas senti ?

NATALIA IVANOVNA

Si, si, j'ai senti. Des tremblements. Une sorte de vibration.

MARIA YAKOVLEVNA

Je suis sûre qu'il y a une usine souterraine. Varia dit qu'ils fabriquent des fusées pour l'iranum.

NATALIA IVANOVNA

Vous voulez dire pour l'Iran ?

MARIA YAKOVLEVNA

C'est bien ce que je dis, avec de l'iranum. Sous le régime soviétique, on avait les meilleures usines d'armement de la terre, et on continue à aider tout le monde... On est toujours en train d'aider tout le monde... Tenez, écoutez-moi cette merveilleuse recette...

NATALIA IVANOVNA

Les enfants me causent tellement de contrariété...

MARIA YAKOVLEVNA

C'est bien normal... Écoutez ça ! C'était la confiture préférée de Nicolas II, c'est pour ça qu'elle s'appelle la confiture du tsar ! Cueillir les groseilles à maquereau les plus grosses dans l'après-midi, une fois que la rosée s'est évaporée, les trier, les laver à l'eau de source, les poser sur un papier buvard, les laisser sécher. Puis enlever tous les pépins...

NATALIA IVANOVNA

De chaque groseille ?

MARIA YAKOVLEVNA

Oui, oui, bien sûr... ! Les mettre dans un sirop préparé d'avance que l'on a fait refroidir à vingt-cinq degrés Réaumur... Ça fait combien pour nous, ça ?

NATALIA IVANOVNA

C'est tellement désolant quand vos enfants vous font de la peine... Je leur ai consacré toute ma vie... Je leur ai donné une excellente éducation...

MARIA YAKOVLEVNA

Faire cuire séparément dans du sirop des feuilles de groseilles à maquereau et des feuilles de cerisier, à raison d'une feuille pour dix baies. Ajouter un demi-bâton de vanille. Avec un couteau bien affûté, prélever les zestes de deux citrons de Messine. Verser le jus des citrons dans un bocal en verre sombre et conserver au frais...

NATALIA IVANOVNA

Des études à l'université... L'anglais, le français, l'allemand... Il n'y a que Rostislav qui a fait l'Institut agroalimentaire... Liolia a même appris l'italien... Ils ont tous fait de la musique... Du dessin...

*Maria Yakovlevna pose le livre et allume les trois feux sous les bassines de cuivre.*

MARIA YAKOVLEVNA

C'était bien inutile, tout ça... Vous savez, Natalia Ivanovna, les aliments sont bien meilleurs cuits au feu de bois. Cela leur donne une légère saveur de fumée très agréable. Cette confiture de groseilles à maquereau va être une vraie merveille ! Rien qu'à voir la recette, je sens déjà qu'elle va être très réussie !

NATALIA IVANOVNA

Varvara est méchante, Éléna est indifférente, Lisa est égoïste, Rostislav est absorbé par ses affaires… Ce sont des enfants merveilleux, ils m'aiment…

MARIA YAKOVLEVNA

Le plus curieux, c'est qu'il faut la faire cuire en trois fois, en l'amenant chaque fois à ébullition, mais en évitant la formation d'écume… Et chaque fois, la faire refroidir sur de la glace et la conserver dans une glacière jusqu'au lendemain… Mettre dessus un papier parcheminé… Et il y en a une autre sorte, au miel…

*Lisa sort de la maison en faisant tourner des clés au bout de son doigt.*

LISA

Dix kilos de cerises de Vladimir ?

MARIA YAKOVLEVNA

Oui, oui, uniquement des cerises de Vladimir ! N'en achète surtout pas d'autres… C'est écrit là… Il faut demander à Liolia où on en est avec les bocaux… Tu veux bien t'occuper du samovar, Lisa, s'il te plaît ?

LISA

Je vais au marché ! (*Elle crie.*) Liolia ! Tu as préparé les bocaux ? Liolia !

NATALIA IVANOVNA

Elle dort.

LISA (*encore plus fort*)

Liolia !

*Éléna sort de la tente.*

ÉLÉNA

Qu'est-ce que tu as à brailler comme ça ? Je ne dors pas dans la maison. Ça sent trop mauvais. De quels bocaux tu parles ?

MARIA YAKOVLEVNA

Les bocaux pour la confiture de cerises. On va en faire aujourd'hui. J'ai déjà pratiquement terminé le sirop. Lisa, allume le samovar, s'il te plaît !

LISA

Tu n'as qu'à demander à Konstantin.

ÉLÉNA

Konstantin, lui, il a sa main ! Et moi, je dessine les étiquettes. Les bocaux, c'est Varvara qui a promis de les stériliser.

NATALIA IVANOVNA

Quelle idée bizarre ! Cela me dépasse… Grand-mère Ania faisait des confitures. Mais à l'époque, on avait nos cerises à nous. Et puis il y avait des domestiques. On les faisait dans ces bassines en cuivre… Oui, oui… Dans celles-là ! On écumait… Ah, cette écume ! Il y en avait ! Cela attirait les guêpes. Ça bourdonnait dans tout le jardin… Il n'y a plus de guêpes, maintenant, je me demande bien pourquoi.

MARIA YAKOVLEVNA

Pourquoi une idée bizarre ? C'est une excellente idée ! Liolia a fait le calcul. Si on vend chaque bocal dix dollars…

LISA

Makania ! Alors, j'y vais ou j'y vais pas ? Si les bocaux ne sont pas prêts, j'y vais pas… Sinon, ça va faire comme la dernière fois – elles seront toutes à jeter.

MARIA YAKOVLEVNA

Alors, Liolia, les bocaux sont prêts ?

ÉLÉNA

Va voir dans la réserve…

NATALIA IVANOVNA

Un jour, je me suis fait piquer par des guêpes… Ou c'était peut-être des abeilles.

MARIA YAKOVLEVNA

Deux cents grammes, ça fait dix dollars. Un kilo, cinquante dollars. Dix kilos, cinq cents dollars. Dans trois bassines, je peux en faire neuf kilos par jour. Ou même dix. Cela en vaut la peine !

NATALIA IVANOVNA

Et vous en avez déjà fait combien ?

MARIA YAKOVLEVNA

Trente-huit kilos. Mille neuf cents dollars.

NATALIA IVANOVNA

C'est fou ce que le travail intellectuel est mal payé, chez nous ! Dire que je suis devant ma machine à écrire du matin au soir. Je travaille comme une bête de somme... Trente-huit kilos de confiture...

LISA

Va voir toi-même. Je ne sais pas où ils sont, ces bocaux ! Mon boulot, c'est la livraison. Je m'occupe des fruits et du sucre.

MARIA YAKOVLEVNA

Tu devrais faire attention avec le sucre, Lisa...

ÉLÉNA

Moi, je peins les étiquettes ! À l'aquarelle ! Et à la main ! *Handmade !*

*Éléna entre dans la maison et on l'entend cogner les bocaux.*

NATALIA IVANOVNA

C'est quand même bizarre... Faire de la confiture pour la vendre... Mais bon, tout travail est digne de respect. Après la révolution, Alexandrine, la sœur de grand-mère, faisait des pirojki qu'elle vendait sur le marché au Foin. Alors que sa grand-mère avait été demoiselle d'honneur de Son Altesse impériale...

*Natalia Ivanovna rentre dans la maison, et l'on entend aussitôt le bruit de la machine à écrire. Éléna sort de la maison avec des petits bocaux en verre vides posés sur un plateau.*

ÉLÉNA

Voilà. C'est tout ce qu'il y a. Il faut les stériliser. Ou au moins, les laver. Il va falloir en acheter d'autres, Lisa.

MARIA YAKOVLEVNA

Il n'y en a pas assez. Pour dix kilos de confiture, on a besoin de cinquante bocaux de deux cents grammes.

ÉLÉNA

Il y en a onze. Il faut en racheter.

MARIA YAKOVLEVNA

J'ai trouvé une recette merveilleuse : la confiture de groseilles à maquereau du tsar ! (*Elle feuillette le livre et recommence à lire.*) Voilà. Cueillir les baies les plus grosses dans l'après-midi, une fois que la rosée s'est évaporée… Ce n'est pas n'importe quelle confiture, rien à voir avec la marmelade anglaise ou la gelée française. C'est de la vraie confiture russe !

LISA

Je n'irai pas acheter de bocaux. Konstantin pourrait quand même faire quelque chose ! Il n'a qu'à aller en acheter à la gare.

MARIA YAKOVLEVNA

Tu veux bien t'occuper du samovar, ma chérie ?

ÉLÉNA

Pourquoi tu t'en prends à Kostia ? Lui, il a sa main ! Il vient de passer six semaines à l'hôpital avec une septicémie, il a bien failli y rester, et je devrais l'envoyer trimbaler des bocaux ?

LISA

Mais oui, bien sûr ! Moi, je peux bien trimbaler des sacs de sucre et des cageots de cerises, mais Konstantin, lui, il ne peut pas !

KONSTANTIN (*de l'intérieur de la tente*)

Moi, j'ai ma main !

ÉLÉNA

Et moi, je peins les étiquettes ! Elles ont bien plus de valeur que votre confiture !

MARIA YAKOVLEVNA

Lisa, elle, elle a du diabète et une insuffisance cardiaque !

*Sémyone arrive sur le sentier.*

SÉMYONE

Bonjour ! Dites donc, vous vous levez bien tôt, maintenant ! Avant, tout le monde dormait jusqu'à midi, ici !

ÉLÉNA

Salut !

MARIA YAKOVLEVNA

Bonjour, Sémyone. Lisa, allume le samovar !

LISA

Mais j'allais partir au marché…

MARIA YAKOVLEVNA

C'est toi qui sais le mieux t'y prendre. Occupe-t'en, ma chérie…

LISA

C'est ça, mon malheur : je fais tout mieux que tout le monde…

*Elle s'occupe du samovar.*

SÉMYONE

Andreï Ivanovitch n'est pas rentré ?

MARIA YAKOVLEVNA

Il a téléphoné. Il doit arriver aujourd'hui. Quand allez-vous commencer les travaux, Sémyone ?

SÉMYONE

Je peux commencer tout de suite, Maria Yakovlevna ! À la minute, si vous voulez. Mon équipe est prête. Vous me versez l'avance, et on s'y met !

MARIA YAKOVLEVNA

Si vous faisiez les travaux, on pourrait louer l'appartement, et l'argent rentrerait… On vous réglerait après… Nous sommes de vieilles connaissances, on arrivera bien à s'entendre…

ÉLÉNA

Ne te mêle pas de ça, Makania ! Tout est déjà convenu avec Sémyone.

SÉMYONE

Ouais… Et quand est-ce qu'il arrive, Andreï Ivanovitch ?

*Le samovar crachote, Lisa se livre sur lui à de mystérieuses opérations. On entend des miaulements.*

MARIA YAKOVLEVNA

Il faut donner à manger au chat. Lisa ! Il y a des saucisses avariées, donne-les à Mourka.

SÉMYONE

C'est bizarre, toutes vos saucisses se gâtent ! Chaque fois que je viens, vous avez des saucisses pourries.

MARIA YAKOVLEVNA

Il n'y a plus que le téléphone qui marche, chez nous. Le réfrigérateur ne fonctionne pas, puisqu'on n'a pas d'électricité.

SÉMYONE

Faudrait vous raccorder au bureau du service d'entretien, mais ça rime à rien. Toutes les maisons sont vides… C'est vrai, vous n'avez qu'à compter, il n'y a plus personne. Ils ont tous vendu leur maison et ils sont partis.

MARIA YAKOVLEVNA

Ils sont partis où ?

SÉMYONE

Comment ça, où ? Ben, à l'étranger ! Les uns en Amérique, les autres en Israël. Et les Islamiens, en Turquie ! Là-bas, à l'étranger, ça fait longtemps que tout est parfaitement au complet. Il n'y a que vous qui restez… Pourquoi vous vous incrustez ici ?

MARIA YAKOVLEVNA

On ne va pas parler de ça !

LISA

Tout le monde est parti, mais nous, on ne partira pas ! C'est notre berceau de famille.

ÉLÉNA

Le thé est prêt ?

LISA

C'est prêt. Va chercher les tasses.

*Éléna entre dans la maison et revient avec des tasses, deux pains et un bocal de confiture.*

ÉLÉNA

Allez, apporte le samovar et appelle maman. Assieds-toi, Sémyone, tu vas prendre le thé avec nous.

SÉMYONE

Le thé, c'est pas de la vodka, on va pas loin avec ça !

ÉLÉNA (*en criant*)

Maman ! Le thé est servi ! Kostia ! À table !

*Lisa apporte le samovar et le pose sur la table. Elle va chercher quelques saucisses dans la maison. Elle grimpe sur l'échelle et accroche les saucisses à une branche. Konstantin abandonne sa posture d'arbre et vient à table.*

LISA

Minou, minou !

SÉMYONE

Qu'est-ce qu'elle a, elle habite là-haut ou quoi ?

ÉLÉNA

Elle n'est pas descendue depuis trois mois. Elle s'est installée là-haut. Elle a fait son nid.

KONSTANTIN

Elle est folle. Cette chatte est folle.

LISA

Pas plus que toi.

KONSTANTIN

Pisseuse virtuelle.

LISA

Connard naturel.

ÉLÉNA

Maman ! Le thé est servi !

MARIA YAKOVLEVNA

Natalia Ivanovna boit du café.

ÉLÉNA

On l'a terminé hier.

MARIA YAKOVLEVNA

Il restait un bocal de café soluble.

*Natalia Ivanovna sort de la maison.*

ÉLÉNA

Je te dis qu'on l'a fini hier.

MARIA YAKOVLEVNA

Je vous avais pourtant demandé d'en laisser pour Natalia Ivanovna !

ÉLÉNA

Il y a du thé.

NATALIA IVANOVNA

Ça ne fait rien, je peux très bien boire du thé…

MARIA YAKOVLEVNA

Pourquoi as-tu pris de la confiture, Liolia ? C'est pour la vente !

ÉLÉNA

Il en reste cent quatre-vingt-dix bocaux.

LISA

Cent soixante et onze, je les ai comptés.

MARIA YAKOVLEVNA

Comment ça, cent soixante et onze ? Il y en avait cent quatre-vingt-dix ! Qui a pris de la confiture ?

ÉLÉNA

Il y avait quelques pots un peu trop cuits. Alors je les ai pris.

MARIA YAKOVLEVNA

Je vous demande instamment de laisser cette confiture tranquille !

*Konstantin rompt un morceau de pain, le tartine de confiture et le mange.*

MARIA YAKOVLEVNA

Nous n'allons rien gagner, comme ça !

ÉLÉNA

Ne t'en fais pas, Makania ! Je me suis déjà occupée de tout. J'ai une amie française qui va mettre notre confiture en vente dans une boutique parisienne très chic…

*Lisa rompt un morceau de pain et le tartine de confiture.*

MARIA YAKOVLEVNA

Lisa ! C'est plein de sucre ! Retiens-toi, voyons !

NATALIA IVANOVNA

Que se passe-t-il ? Nous n'utilisons plus de couteau, ici ?

ÉLÉNA

Si, pourquoi ? Tiens, en voilà un.

*Sémyone rompt un morceau de pain et le tartine de confiture.*

SÉMYONE

Elle est bonne, cette confiture. Bien sucrée.

ÉLÉNA

Dix dollars.

SÉMYONE

Quoi ?

NATALIA IVANOVNA

Aujourd'hui, j'ai terminé le sixième tome !

SÉMYONE

Dix dollars quoi ? Le seau ?

MARIA YAKOVLEVNA

Le pot de deux cents grammes.

SÉMYONE

Pas de thé, merci... J'ai pas besoin d'eau...

MARIA YAKOVLEVNA

Les enfants ! Près de la palissade, il y a deux buissons de groseilles à maquereau. Il faut les cueillir. Dans l'après-midi. Une fois que la rosée sera évaporée.

NATALIA IVANOVNA

Ce sont les groseilles à maquereau de papa. « L'Aube du communisme ». Il a reçu le prix Staline pour ça.

MARIA YAKOVLEVNA

C'est de l'excellente groseille à maquereau. Un peu acide et pas trop grosse. Exactement ce qu'il faut pour la confiture du tsar... On devrait essayer... La recette est merveilleuse. Elle vient d'un vieux livre de cuisine très connu. Tout est décrit de façon tellement claire ! Seulement, qu'est-ce que ça veut dire, vingt-cinq degrés Réaumur ? Ça fait combien, pour nous ?

LISA

En dollars ? Dix !

MARIA YAKOVLEVNA

Voyons, Lisa ! Je parle sérieusement ! Personne ne le sait ?

ÉLÉNA

Non. On a tous fait des études littéraires. Demande à Konstantin, il regardera sur Internet.

KONSTANTIN

L'ordinateur ne marche pas. La batterie est à plat.

MARIA YAKOVLEVNA

Comment je vais faire pour savoir, alors ?

NATALIA IVANOVNA

J'ai terminé le sixième tome, aujourd'hui...

LISA

Elle mange les saucisses ! Regardez, elle est descendue sur la branche du bas et elle les mange.

KONSTANTIN

Et si on les mettait par terre ?

LISA

J'ai déjà essayé. Elle ne pose pas une patte sur le sol. Par principe. Tant qu'on n'aura pas abattu cet arbre.

KONSTANTIN

Si jamais je l'attrape, celle-là...

LISA

Oui, ça irait mal pour elle... Tu lui refilerais sûrement une infection carabinée. Sémyone, tu ne pourrais pas abattre cet arbre ?

SÉMYONE

Ça peut se faire.

*On entend les cloches sonner.*

SÉMYONE

Qu'est-ce qu'ils ont à sonner comme ça ?

LISA

C'est la Transfiguration.

SÉMYONE

Le deuxième Sauveur.

MARIA YAKOVLEVNA

Pourquoi le deuxième ?

SÉMYONE

Ben, sans doute qu'il y en a un premier. Parce que celui-là, c'est le deuxième. Le Sauveur-sur-les-Pommes. Le premier, il était sur le miel, je crois bien... Ma défunte mère savait tout ça... Ou alors c'est le troisième qui est sur le miel, et le premier sur je ne sais plus trop quoi...

LISA

Le premier est sur les ananas. Le Sauveur aux ananas !

*Andreï Ivanovitch s'avance sur le sentier. Avec son costume blanc démodé et son chapeau de paille, il ressemble vraiment beaucoup à Mastroianni. Il tient une mallette à la main.*

LISA

Ouaaah ! Dioudia ! (*Elle se jette à son cou.*) Enfin, te voilà ! Tu nous avais complètement laissés tomber, dis donc !

ANDREÏ IVANOVITCH

Mais non, mais non ! J'ai des nouvelles intéressantes ! Très intéressantes !

LISA

Tu te sépares de Gisèle ?

ANDREÏ IVANOVITCH

Non, pas du tout ! Bonjour, mes chéris ! Mais vous êtes en plein travail ! Alors, vous en êtes où, avec votre confiture ?

SÉMYONE

Ah, vous voilà enfin ! Depuis le temps que j'attends…

ANDREÏ IVANOVITCH

Eh bien, tu attendras encore un quart d'heure ! Quelle chaleur ! Alors, comment ça va, ici ? Comment avance votre entreprise ? Natacha ! (*Il embrasse sa sœur.*) Comment vont tes affaires ?

NATALIA IVANOVNA

Je viens de terminer le sixième tome aujourd'hui…

ANDREÏ IVANOVITCH

Tu as une mine superbe, Natacha ! Et toi aussi, Liolia, tu as une mine superbe ! Mais tu as grossi ! Attention à ta ligne !

LISA

Comment va ta Gisèle ?

ANDREÏ IVANOVITCH

À merveille !

LISA

Elle n'a pas grossi, elle ?

ANDREÏ IVANOVITCH

La jalousie est un vilain défaut, Lisa !

MARIA YAKOVLEVNA

Andreï Ivanovitch, nous n'avons plus de bois. Il faudrait abattre quelques arbres. Qu'en pensez-vous ?

ANDREÏ IVANOVITCH

Mais bien sûr, bien sûr…

*Varvara arrive sur le sentier avec un bouquet de fleurs et un sac.*

VARVARA

Bonne fête !

ANDREÏ IVANOVITCH

Bonne fête, ma nièce ! Tout de même ! Dire qu'hier encore, c'était Pâques, et qu'on est déjà à la Transfiguration ! Tu as une mine superbe !

*Varvara pose le bouquet sur la table et sort des pommes de son sac.*

VARVARA

Des paysannes m'ont offert des pommes à l'église. Des pommes bénies… Nous, nous n'en avons pas une seule dans le jardin. Mais chez elles, je ne sais pas pourquoi, ça pousse…

*Lisa prend une pomme, mord dedans, puis l'examine et décolle une étiquette.*

LISA

Oui, chez elles, ça pousse… Et même avec l'étiquette Golden !

VARVARA

Oh, arrête ! (*Elle examine les pommes.*) Ce n'est pas possible ! Elles aussi, elles les achètent ? De simples paysannes russes… C'est ahurissant ! Tout simplement ahurissant !

*Konstantin s'approche de la batterie, s'assied, et tape violemment sur les cymbales. Il entame un solo, puis s'arrête.*

KONSTANTIN

La musique vivante, ça a quand même son charme. Au diable ce fichu ordinateur !

*Il recommence à taper. Tous parlent avec animation, mais les voix sont couvertes par le bruit de la batterie. Konstantin finit par poser ses baguettes.*

ANDREÏ IVANOVITCH

… Et maintenant, nous avons une place de maître de ballet ! À Barcelone !

LISA

Ah ! Gaudí !

ANDREÏ IVANOVITCH

Comment ça se fait que tu connaisses Gaudí ?

LISA

De façon générale, je sais beaucoup de choses inutiles[28] !

NATALIA IVANOVNA

Et tu vas partir avec elle, Dioudia ?

ANDREÏ IVANOVITCH

Bien entendu ! Elle ne parle pas espagnol. Je serai son interprète.

MARIA YAKOVLEVNA

Parce que vous parlez espagnol ?

ANDREÏ IVANOVITCH

Dans notre famille, tout le monde sait beaucoup de choses inutiles. Moi, par exemple, j'ai passé toute ma vie à étudier un domaine parfaitement exotique des mathématiques. Inutile à tous points de vue. Mais on ne sait jamais ce qui peut arriver ! Ce qui est inutile peut justement s'avérer indispensable. Eh oui, je parle espagnol !

VARVARA (*elle examine les pommes*)

Il y a une étiquette sur chaque pomme ! « Golden » ! En Russie ! Où sont passées nos célèbres Antonovka ? Nos Biély naliv ? Nos Grouchovka ? Au lieu de tout cela, je ne sais trop quel... Goldenfish !

NATALIA IVANOVNA

Dioudia, mais elle a soixante-six ans !

ANDREÏ IVANOVITCH

Oui ! Mais elle a été recommandée par Esphir, qui en a quatre-vingt-douze. Et Esphir continue à donner des cours de danse, tantôt à Paris, tantôt à Tokyo ! C'est le meilleur professeur du monde !

LISA

Qui ça ? Gisèle ?

ANDREÏ IVANOVITCH

Non, Esphir, le professeur d'Anna Pavlovna. Anna Pavlovna est son élève préférée.

NATALIA IVANOVNA

Alors tu pars pour longtemps ?

ANDREÏ IVANOVITCH

C'est difficile à dire. Les conditions qu'ils proposent sont extraordinairement intéressantes…

ÉLÉNA

Dioudia a trouvé du travail ! Personne n'arrive à en trouver, mais lui, il en a dégotté un ! Qui aurait pu penser ça ?

MARIA YAKOVLEVNA

Et nous, alors ? Si Andreï Ivanovitch s'en va, comment allons-nous faire ?

ANDREÏ IVANOVITCH

Mais personne ne vous chasse… Vous pouvez vivre ici tant que la maison tient encore debout. Je n'ai rien contre.

MARIA YAKOVLEVNA

Mon Dieu ! Le sirop est en train de brûler !

*Elle se précipite vers le feu.*

SÉMYONE

Bon, alors, Andreï Ivanovitch, on y va ? Depuis le temps qu'on nous attend…

ANDREÏ IVANOVITCH

Oui, oui, Sémyone… On y va ! J'arrive tout de suite. (*Il boit son thé.*) Très bon, ce thé !

LISA

Qui est-ce qui l'a préparé ? Bon, alors je vais au marché, oui ou non ?

MARIA YAKOVLEVNA

Bien sûr, Lisa ! Bien sûr que tu y vas ! Et tu achèteras dix kilos de cerises de Vladimir !

VARVARA

Elle va vous acheter dix kilos de Goldenfish ! C'est vraiment la fin de tout…

*Elle sort.*

LISA

Il faudrait me donner de l'argent.

MARIA YAKOVLEVNA

Tu n'en as plus du tout, Lisa ? Je croyais que tu en avais.

LISA

Juste pour l'essence.

MARIA YAKOVLEVNA

Liolia, donne de l'argent à Lisa pour les cerises, s'il te plaît…

ÉLÉNA

Je n'en ai pas. J'ai tout dépensé. Tu sais combien ça coûte maintenant, l'aquarelle hollandaise ?

NATALIA IVANOVNA

Cela me dépasse complètement…

*Elle entre dans la maison. Le cliquetis de la machine à écrire reprend.*

MARIA YAKOVLEVNA

On pourrait peut-être en emprunter un peu ?

ÉLÉNA

Sémyone ! Tu nous prêtes quarante dollars ?

*Konstantin s'assied devant sa batterie et se met à frotter ses balais sur les toms.*

SÉMYONE

Mais bien sûr ! Tiens…

*Il sort de l'argent de sa poche et le donne à Éléna, qui fait un signe de tête en direction de Lisa.*

ÉLÉNA

Donne-les à Lisa.

LISA (*en prenant l'argent*)

Bon, à tout à l'heure !

*Elle sort. On entend le bruit de la voiture qui s'éloigne.*

MARIA YAKOVLEVNA

Sémyone, vous êtes notre sauveur ! Si vous pouviez réparer les toilettes dans l'appartement de Moscou…

SÉMYONE

Voyons, Maria Yakovlevna ! Faut tout refaire, là-bas.

ANDREÏ IVANOVITCH

Bon, allons-y, Sémyone. Je suis prêt.

ÉLÉNA

Où vas-tu, Dioudia ? Tu viens à peine d'arriver, et tu t'en vas déjà ?

SÉMYONE

On va à l'étang.

ÉLÉNA

Mais on l'a asséché la semaine dernière !

SÉMYONE

Raison de plus…

*Sémyone et Andreï Ivanovitch s'en vont. Maria Yakovlevna remue le contenu des bassines, et rajoute du petit bois dans les feux.*

MARIA YAKOVLEVNA

Il n'y a plus de bois. Il faut faire venir quelqu'un pour abattre un arbre.

*Éléna dispose ses peintures sur la table.*

ÉLÉNA

Regarde comme c'est joli, Kostia ! En haut, en lettres latines rouges, « Confiture russe », et sur les côtés et en bas, des cerises, plein de cerises…

KONSTANTIN

Oui, c'est super !

MARIA YAKOVLEVNA

La rosée s'est évaporée maintenant, je vais aller cueillir les groseilles sur ces deux buissons…

*Varvara sort de la maison avec une tasse, elle se verse de l'eau du samovar.*

MARIA YAKOVLEVNA

La confiture de la petite bassine est prête, Varia. Elle a déjà refroidi. Tu veux bien la verser dans les bocaux et les fermer ?

VARVARA

Je vais le faire, Makania. Je bois mon thé et je m'en occupe… Je suis fatiguée… L'office était très long…

*Elle pose une bassine sur la table, prend une louche, et se met à transvaser la confiture dans les bocaux. Elle la goûte, lèche la louche.*

ÉLÉNA

Ne lèche pas la louche. Ça va fermenter.

VARVARA

Mais non !

ÉLÉNA

Si, ça va fermenter.

VARVARA

Toi, tu dessines, alors dessine ! (*Elle pousse un cri perçant.*) Aaaah !

*Maria Yakovlevna accourt.*

MARIA YAKOVLEVNA

Qu'est-ce qui se passe ?

VARVARA

Une souris !

ÉLÉNA

Aaah ! Une souris ? Où ça ?

MARIA YAKOVLEVNA

Où ça ?

VARVARA

Dans la confiture ! Une souris s'est noyée dans la confiture ! Il y a une souris crevée dans la confiture !

MARIA YAKOVLEVNA

Ce n'est pas possible ! (*Elle regarde dans la bassine.*) C'est vrai, il y a une souris ! (*Elle la sort avec la louche.*) Ça alors ! C'est bizarre ! Comment est-ce qu'elle est arrivée là ?

ÉLÉNA

Aaah ! C'est dégoûtant ! Jette ça immédiatement !

MARIA YAKOVLEVNA

Bien sûr que je vais la jeter ! Qu'est-ce que tu veux qu'on fasse d'une souris cuite ?

ÉLÉNA

Jette la confiture !

MARIA YAKOVLEVNA

Trois kilos ? Jeter trois kilos de confiture ? Cent cinquante dollars ? Tu es folle !

VARVARA

Seigneur Dieu ! Une souris crevée !

MARIA YAKOVLEVNA

Cela n'a rien de terrible, voyons ! Ce n'est qu'une souris. Et puis, je te fais remarquer que ce n'est pas une souris, mais un mulot. Ce sont des petits animaux très propres…

VARVARA

Mon Dieu ! Pourquoi ? Mais qu'est-ce que c'est que cette vie ? Des souris, des rats, des cafards ! Qu'ont-ils fait de ce pays ? !

ÉLÉNA

J'ai mal au cœur… Je sens que je vais vomir…

MARIA YAKOVLEVNA (*elle jette la souris*)

Et voilà, c'est fini. C'est fini ! Il n'y a plus de souris. On l'a oubliée. Et la confiture, je peux la faire bouillir encore une fois.

KONSTANTIN

Liolia ! Si tu faisais des étiquettes avec des souris ? Des cerises et des souris.

ÉLÉNA

Il faut la jeter, cette confiture !

VARVARA

Ou au moins la faire bénir. J'ai déjà vu un cas comme ça dans un livre... Il faut faire venir un prêtre pour la bénir.

ÉLÉNA

Et après ça, tu la mangeras ?

MARIA YAKOVLEVNA

Comment cela, la manger ? Personne ne la mangera ! Cette confiture est pour la vente ! Il faut gagner de l'argent pour faire des travaux dans l'appartement ! Cette confiture, c'est nos devises ! Allez, Varia, remplis les bocaux !

VARVARA

Bon. Je vais les remplir. Mais ensuite, je ferai venir un prêtre pour qu'il les bénisse... On ne peut pas manger ça après... après cette souris !

KONSTANTIN

Tu ne peux pas manger après une souris, mais une souris, elle, peut manger après toi. Et ça se dit chrétienne !

VARVARA

Mais qu'est-ce que tu racontes, Konstantin ? !

KONSTANTIN

Rien, rien ! Hare Krishna ! Aoum !

VARVARA

Pfft !

*Elle sort.*

ÉLÉNA (*songeuse*)

Peut-être que ce serait mignon ? Si je dessinais une petite souris ici, dans le coin gauche ?

MARIA YAKOVLEVNA

Ce qu'elle peut être nerveuse… (*Elle verse la confiture dans les bocaux.*) Et voilà. Il n'y a plus de bocaux. Et il reste encore de la confiture. Maintenant, il faut les fermer. On pourra toujours les stériliser après. Onze pots. Deux kilos deux cents. Cent dix dollars. On n'a plus qu'à les vendre !

ÉLÉNA

Et si je ne dessinais pas de cerises du tout ? Juste des souris ? Hein ?

KONSTANTIN

Mmmh ! Et tu vendras ça à des chats. Qu'est-ce qu'on s'ennuie avec vous, les filles… Bon, je vais travailler un peu.

*Konstantin se met à la batterie et tape.*

MARIA YAKOVLEVNA

C'est fou ce que ça tremble ! Surtout aujourd'hui ! Vous entendez ? Vous sentez comme ça tremble ? Je suis sûre qu'ils ont une usine militaire là-dessous. En un certain sens, je trouve ça plutôt bien qu'une usine continue à fonctionner...

*On entend un lointain grondement de bulldozer. Natalia sort de la maison.*

NATALIA IVANOVNA

Qu'est-ce qui se passe ? Mais qu'est-ce qui se passe, ici ?

MARIA YAKOVLEVNA

Rien de terrible. On a trouvé une souris dans la confiture.

NATALIA IVANOVNA

Oooh ! La pauvre !

*Le téléphone sonne à l'intérieur de la maison, Natalia Ivanovna entre, parle, puis ressort.*

NATALIA IVANOVNA

C'était Rostik. Un drôle de coup de fil. Il a dit que nous devions faire nos bagages en vitesse. Il arrive. Je n'ai pas compris de quels bagages il parlait. Pourquoi ?

MARIA YAKOVLEVNA

C'est bien ce que je dis, ça n'a rien de terrible. Une petite souris. Un mulot. Tout propre. Au pire, on peut la stériliser, cette confiture. Ou bien la faire bénir...

*Un bruit de voiture qui arrive. Rostislav entre dans le jardin, vêtu de blanc. Il embrasse sa mère.*

ROSTISLAV

Et voilà, mes chéris ! C'est fini, on déménage !

NATALIA IVANOVNA, MARIA YAKOVLEVNA, ÉLÉNA, KONSTANTIN
(*ensemble*)

Quoi ? Comment ? Où ça ? Pourquoi ? Quand ? Comment ça se fait ?

ROSTISLAV

On déménage immédiatement. Il y a deux camions avec des déménageurs devant le portail. Cette datcha n'existe plus. C'est fini. Elle n'existe plus. Il y en a une autre. Toute neuve. Superbe. Sur la route de Riga.

*Varvara sort de la maison.*

VARVARA

Jamais ! Je n'irai nulle part ! Il n'est pas question que je parte d'ici !

*Le grondement des bulldozers s'intensifie, Éléna prend Varvara par les épaules.*

ÉLÉNA

Non, je ne suis pas prête… C'est notre maison, quand même…

ROSTISLAV

Dans une heure, vous ne serez plus ici. Et dans deux heures, il n'y aura plus une seule maison dans tout le village.

MARIA YAKOVLEVNA

Mais… Et les meubles, Rostik ? Et nos affaires ?

ROSTISLAV

Les déménageurs vont emporter tout ce que vous voulez mettre dans la nouvelle maison.

VARVARA

Jamais ! Je n'irai nulle part ! Il n'est pas question que je parte d'ici !

NATALIA IVANOVNA

Mais pourquoi aussi brusquement ? Nous ne sommes pas prêts du tout…

*Andreï Ivanovitch s'approche de la maison, sa mallette à la main. Il est accompagné de Sémyone.*

ANDREÏ IVANOVITCH

Qu'y a-t-il ? Que se passe-t-il ?

ROSTISLAV

On déménage, mon oncle.

ANDREÏ IVANOVITCH

Comment ça ?

ROSTISLAV

On va s'installer dans une nouvelle datcha. Je vous ai acheté une maison neuve. Deux fois plus grande…

ANDREÏ IVANOVITCH

Mais cette maison est celle de notre père… De notre grand-père…

ROSTISLAV

On n'a pas le temps, mon oncle. Je t'expliquerai plus

tard. Pour l'instant, il faut faire les bagages en vitesse. J'ai deux camions et des déménageurs…

ANDREÏ IVANOVITCH

Mais cette maison… Elle n'est plus à nous…

ROSTISLAV

À vous, à nous… Cela n'a plus d'importance, maintenant !

SÉMYONE

Comment ça, plus d'importance ? Elle est à moi, cette maison !

NATALIA IVANOVNA, MARIA YAKOVLEVNA (*et les autres, ensemble*)

Quoi ?

SÉMYONE

Andreï Ivanovitch m'en a fait cadeau !

NATALIA IVANOVNA, MARIA YAKOVLEVNA (*et les autres, ensemble*)

Quoi ?

SÉMYONE

Voilà la donation. Elle est à moi, cette maison.

*Rostislav prend le papier des mains de Sémyone, le regarde, puis le lui rend.*

ROSTISLAV (*à Sémyone*)

Combien ?

SÉMYONE

Ben, rien, c'est une donation... J'ai fait des réparations... T'as qu'à voir, c'est moi qui ai tout fait, ici...

ROSTISLAV (*à Andreï*)

Combien ?

ANDREÏ IVANOVITCH

Tu comprends, Rostik, Anna Pavlovna et moi, nous allons nous installer à Barcelone... Et je... Eh bien, nous devons acheter un appartement là-bas.

ROSTISLAV

Combien ?

ANDREÏ IVANOVITCH

Cinq cent mille.

NATALIA IVANOVNA

Dioudia...

ÉLÉNA ET VARVARA

Oncle Andreï !

ROSTISLAV

Je n'ai encore jamais rencontré des gens aussi frivoles, aussi peu pratiques et aussi farfelus que vous[29] !

NATALIA IVANOVNA

Dioudia, comment as-tu pu faire une chose pareille ?

ANDREÏ IVANOVITCH

Tu comprends, Natacha, la conjoncture a changé...

J'étais dans une impasse… Les prix de l'immobilier n'arrêtent pas de grimper à Barcelone.

NATALIA IVANOVNA

Comment as-tu pu ?

ROSTISLAV (*à Sémyone*)

Demain matin, tu passeras aux bureaux de Rostinvest pour établir les papiers de la vente.

SÉMYONE

Quoi ? Mais rien que le terrain, ça vaut déjà… La datcha, elle, qu'est-ce qu'elle vaut ? Rien du tout ! Alors qu'un are, ça fait… Vous me prenez pour un débile ? Un are, ça fait dans les deux mille, pas moins… (*Tout le monde se tait. Sémyone continue à râler.*) Et il y a bien un hectare, ici… Oui, oui, deux mille, pas un sou de moins…

ROSTISLAV

Bon, tu veux encore ajouter quelque chose ?

SÉMYONE

Ça fait un hectare, non ? La maison, elle, elle ne vaut pas un clou. Mais l'hectare ?

ROSTISLAV

Je sais. Je sais tout. Passe à mon bureau demain, et tu auras un million.

ANDREÏ IVANOVITCH

Comment ça, un million ?

ROSTISLAV

Oui. Un million. Tu as fait une donation ? Tu es passé

devant un notaire ? Eh bien voilà. Tu as fait l'imbécile, mon oncle !

ANDREÏ IVANOVITCH

Les Russes adorent se faire passer pour des imbéciles. Alors qu'en fait, ils sont des crétins finis.

SÉMYONE

C'est quoi, l'adresse de ce bureau ?

ROSTISLAV

Tu trouveras bien. Allez, fiche-moi le camp !

*Sémyone s'en va à reculons.*

ROSTISLAV

Bon, eh bien, mes chéris, c'est fini ! Rassemblez en vitesse ce à quoi vous tenez le plus, ce que vous avez de plus précieux. Kibirov ! Les caisses !

*Entrent en courant dans le jardin plusieurs grands gaillards vêtus de combinaisons noires, ils ont des masques noirs en tricot avec des trous pour les yeux. Ils portent des caisses. Maria Yakovlevna pousse un cri perçant :*

MARIA YAKOVLEVNA

Aaaaah ! Des terroristes !

ROSTISLAV

Calme-toi, je n'ai pas engagé de terroristes !

KONSTANTIN

Des gars des forces spéciales ?

ROSTISLAV

Mais non, ce ne sont pas non plus des gars des forces spéciales. Ce sont des hommes à moi. Des déménageurs. Ils déménagent.

*Les hommes en combinaison empilent les caisses et s'en vont, toujours au pas de course. Le téléphone portable de Rostislav sonne. Il répond :*

ROSTISLAV

Non, pour l'instant, vous attendez. Je vous donnerai le signal. (*À sa mère.*) Maman, ne prends que ce que tu as de plus précieux, les archives, les photos... Le reste, les déménageurs vont l'emballer et ils vous le livreront. Qu'est-ce que tu fais plantée là, Varia ? Allez, rassemble tes affaires ! Liolia ! Konstantin !

MARIA YAKOVLEVNA

Il faut aller chercher la confiture dans la cave.

ROSTISLAV

Mais oui, on la prendra aussi, cette confiture, évidemment !

MARIA YAKOVLEVNA

Donne-moi quelqu'un pour m'aider, s'il te plaît.

ROSTISLAV

Kibirov ! Envoie-moi un gars !

*Un déménageur en combinaison arrive au petit trot, et Maria Yakovlevna l'emmène avec elle.*

MARIA YAKOVLEVNA

Viens par ici, mon garçon.

*Andreï Ivanovitch monte à l'étage en gardant un silence plein de dignité.*

ROSTISLAV

Kibirov ! (*Kibirov arrive en courant.*) Embarquez-moi les meubles. Ceux qui sont trop cassés, laissez-les. (*Il examine une chaise posée à l'envers près de la table.*) C'est hallucinant ! De l'acajou. Et ça date du XIXᵉ ! À restaurer, ça va chercher dans les deux mille par chaise... Bon, tant pis ! On les prend. Ah, ça coûte cher, les trésors de famille... Ça reviendrait moins cher d'en acheter à Sotheby's... Mais il n'y a rien à faire... Provenance oblige ! Mais où est Lisa ? Elle est allée au marché ? Kibirov ! Il y a une petite chambre là-haut, tu emballes tout ce qu'il y a dedans, absolument tout. C'est la chambre de ma petite sœur. Elle me fera une de ces scènes s'il manque quelque chose ! Oui, Kibirov, vous prenez tous les meubles, même les cassés... (*Il appuie sur une touche de son téléphone.*) Chérie ? Tout se passe selon nos plans... Pas d'imprévu.

*Les déménageurs en combinaison et masqués défilent en emportant des caisses et disparaissent derrière la palissade. Les autres s'agitent en tous sens, l'un tient à la main un livre, un autre un portrait, un autre un vase, ils laissent tomber des objets, se cognent les uns dans les autres, font des bonds de côté. Ils posent une chose par terre, en prennent une autre. Rostislav, majestueux, content de lui, tout de blanc vêtu, reste imperturbable au milieu de cette bousculade.*

ROSTISLAV

Surtout, maman, ne te fais aucun souci ! Dans la nouvelle maison, tu auras ton cabinet de toilette personnel !

MARIA YAKOVLEVNA (*en examinant un bocal de confiture à la lumière*)

J'ai l'impression que ça a fermenté. Ah, oui, je vois des bulles… Mais pourquoi est-ce que ça fait ça ? (*Elle prend un autre bocal.*) Celui-là aussi. Je n'y comprends rien…

ROSTISLAV (*il regarde sa montre*)

Kibirov ! Ça y est, vous avez tout emporté ? Que tout le monde s'éloigne de la maison ! Tous le long de la palissade ! Maman ! Liolia ! Allez à côté de la palissade… (*Au téléphone :*) Vas-y !

*La vibration souterraine s'intensifie, on entend un grondement… Et la maison s'écroule comme un château de cartes. Un nuage de poussière s'élève, puis retombe lentement.*

ANDREÏ IVANOVITCH

Rostislav ! Mais qu'est-ce que tu as fait ?

ROSTISLAV

Sous la terre, juste sous notre maison, deux tunnels de métro viennent de faire leur jonction. Tu comprends, mon oncle, ici même, exactement à cet endroit, il va y avoir une station de métro. Sous nos pieds, il y aura un grand hall !

*Lisa arrive avec un sac rempli de cerises.*

LISA

Aaah ! Mais qu'est-ce qui est arrivé à notre maison ?

VARVARA

Tout est fini !

ANDREÏ IVANOVITCH

Il n'y a plus de maison, Lisa. Je m'en vais. Je n'ai plus rien à faire ici.

LISA

Tu vas où, Dioudia ?

ANDREÏ IVANOVITCH

À Barcelone.

LISA

Comment ça, à Barcelone ?

*Andreï Ivanovitch se dirige vers le portail d'un air digne. Rostislav ramasse la mallette et lui crie :*

ROSTISLAV

Oncle Andreï ! Tu as oublié ta mallette !

*Andreï Ivanovitch revient sur ses pas et prend sa mallette.*

ROSTISLAV

J'imagine que l'argent est dedans ? Non, je n'ai jamais rencontré des gens aussi frivoles, aussi peu pratiques, aussi farfelus…

*Andreï Ivanovitch reste planté là avec sa mallette,*

*à côté de lui, Natalia, le portrait de Tchekhov à la main, entourée des trois sœurs.*

LISA

Mais qu'est-ce qui se passe ici, vous allez m'expliquer, à la fin ?

VARVARA

Je vais t'expliquer. Tout est perdu. Tout est fini ! Il y avait ici une propriété sur laquelle ont vécu nos ancêtres. Ils ont aimé, travaillé, peiné ici… Il y avait une maison dans laquelle ont vécu nos ancêtres. Dans laquelle ils ont aimé, travaillé, peiné… Ils ont planté des arbres, ils les ont cultivés… Il y avait ici le domaine le plus magnifique qui soit au monde… Et maintenant, c'est un désert. Et il n'y a plus personne pour travailler !

*Elle serre Lisa et Éléna dans ses bras.*

ROSTISLAV

Travailler ! Travailler ! C'est fini, ça ! On a assez travaillé ! Ça suffit ! Il est temps de se reposer ! Ce sera l'endroit le plus merveilleux du monde ! On viendra y passer des vacances, s'amuser, prendre du bon temps, boire, manger et faire la fête ! On dansera, on écoutera de la musique, on regardera des films, il y aura des concerts, des attractions ! On va creuser un étang de la taille du lac de Genève et au milieu, il y aura une île artificielle ! Avec quatre ponts pour y aller ! Des ponts en cristal ! Des parents et des enfants viendront ici par centaines, par centaines de milliers ! De tout le pays ! Du monde entier ! Des Chinois ! Par millions ! Des Japonais ! Par millions ! Des Zoulous ! Des Esquimaux ! Tout le monde viendra ici ! Avec des millions plein les poches ! Tous les drapeaux du monde viendront nous rendre visite ! On a assez travaillé ! Il est temps de se reposer ! Il va y avoir un Disneyland, ici ! Vous avez compris ? Et vous verrez le ciel rempli de diamants ! Kibirov[30] !

*Les déménageurs en combinaison reviennent sur la scène avec des masques de Mickey, de canards, de chiens, d'ours, d'Indiens, il peut même y avoir des masques comiques d'hommes politiques de notre époque. De la musique. Des cloches. Les déménageurs se mettent à danser et entraînent les membres de la famille. Le grondement des bulldozers se rapproche, les déménageurs poussent toute la famille Lépiokhine derrière la palissade et emportent le décor. Le silence se fait brusquement. Sur la scène vide, il n'y a plus que Rostislav. Et l'arbre. Des miaulements viennent du haut de l'arbre.*

ROSTISLAV

Pauvre bête… On l'a oubliée[31]…

FIN

*New-York-Moscou-Berlin 2003*

Mes relations avec l'œuvre dramatique de Tchekhov n'ont pas été simples. J'ai toujours beaucoup aimé ses récits, mais ses pièces m'ont longtemps semblé ennuyeuses et creuses. Je n'arrivais pas à comprendre pourquoi elles étaient montées dans des milliers de théâtres depuis un siècle. Mais comme je me doutais que c'était moi qui avais quelque chose qui clochait, et non les pièces, je les ai lues et relues pendant des années, j'attendais qu'elles me révèlent leur grand secret. Et cela a fini par se produire. J'ai soudain compris que ce n'était pas pour rien que Tchekhov qualifiait *La Cerisaie* et *La Mouette* de comédies. Et c'est sous cet angle que je les ai lues. J'ai alors écrit ma propre pièce, une comédie amère, qui a été pour moi une conversation intime avec ce grand écrivain.

Qu'est-ce qui m'a décidée à engager cette conversation ? L'impression extrêmement vive que rien n'a changé en Russie : ce sont toujours les mêmes gens, les mêmes personnages, les mêmes situations. Et en 2003, cent ans après la mort de Tchekhov, j'ai écrit cette pièce qui est, au fond, une combinaison de *La Cerisaie*, des *Trois Sœurs*, et de mes réflexions personnelles sur ce thème.

Je l'ai rédigée dans une *Literaturhaus*, une résidence pour écrivains près de Berlin, et j'ai passé un mois à rire toute seule, au grand étonnement, sans doute, des employés de cette résidence qui passaient dans le couloir. C'était une résurrection des personnages de Tchekhov, ils sont devenus mes contemporains, mais sans perdre certains traits russes immuables. Les sœurs aspirent toujours à quitter l'endroit où elles vivent pour un ailleurs, qui n'est plus Moscou car leur famille y habite depuis longtemps, mais un pays lointain et fascinant – Amsterdam, l'Inde, et même un monastère, une contrée spirituelle lointaine et idéale…

La vie passe, elle va de plus en plus vite, elle change, de même que la vue à la fenêtre, mais cette famille a toujours le même problème : surtout, ne rien changer, juste rêver, rêver… Non à l'avenir, mais au passé.

Cela fait plus de dix ans que j'ai écrit cette pièce, et son contenu me paraît de plus en plus juste. Et de plus en plus triste.

Et pourtant, c'était une comédie que je voulais écrire !

LUDMILA OULITSKAÏA
*septembre 2017*

## NOTES

1. Jeu de scène que l'on retrouve dans *Les Trois Sœurs,* où l'un des personnages, Saliony, se promène avec un flacon de parfum dont il s'asperge sans arrêt.

2. Réplique de Touzenbach dans *Les Trois Sœurs* (acte II).

3. Réplique d'Irina dans *Les Trois Sœurs* (acte II).

4. Réplique d'Épikhodov dans *La Cerisaie* (acte II).

5. Réplique d'Épikhodov dans *La Cerisaie* (acte I).

6. Rue dans laquelle habitaient les sœurs dans leur enfance à Moscou, dans *Les Trois Sœurs.*

7. Réplique de Verchinine dans *Les Trois Sœurs* (acte II).

8. Réplique de Gaïev dans *La Cerisaie* (acte I).

9. Réplique de Lopakhine dans *La Cerisaie* (acte II), qui est elle-même une parodie d'une réplique de *Hamlet.*

10. Parodie d'une réplique de Charlotta dans *La Cerisaie* (acte II).

11. Allusion à *La Cerisaie.*

12. Le chien Moumou est le héros d'un célèbre récit de Tourgueniev que tous les écoliers connaissent.

13. Réplique de Lioubov Andreïevna dans *La Cerisaie* (acte II).

14. Réplique de Trofimov dans *La Cerisaie* (acte II).

15. Tiré du monologue de Lopakhine dans *La Cerisaie* (acte III).

16. Réplique de Touzenbach dans *Les Trois Sœurs* (acte I).

17. Réplique de Verchinine dans *Les Trois Sœurs* (acte I).

18. Réplique de Macha dans *Les Trois Sœurs,* acte II.

19. Réplique de Tcheboutykine dans *Les Trois Sœurs* (acte II).

20. Réplique de Macha dans *Les Trois Sœurs* (acte IV).

21. Réplique de Macha dans *Les Trois Sœurs* (acte II).

22. Maria Yakovlevna mélange deux expressions devenues prover-

biales, l'une tirée d'un célèbre poème de N. Nekrassov sur la femme russe « capable d'arrêter un cheval au galop », l'autre d'un non moins célèbre récit de N. Leskov, « Le Gaucher », sur un artisan russe si habile qu'il est capable de ferrer une puce.

23. Citation d'un célèbre vers de Tiouttchev.

24. Réplique de Touzenbach dans *Les Trois Sœurs* (acte I).

25. Parodie d'une réplique de Féraponte dans *Les Trois Sœurs* (acte III).

26. Fait écho aux sinistrés de l'incendie au début de l'acte III des *Trois Sœurs.*

27. Deux vers d'un célèbre poème de Pasternak.

28. Réplique de Macha dans *Les Trois Sœurs* (acte I).

29. Réplique de Macha dans *Les Trois Sœurs* (acte I).

30. Tiré de la dernière tirade de Sonia dans *Oncle Vania.* Ce passage est à mettre en parallèle avec la fin d'*Oncle Vania.*

31. Cette fin fait écho à celle de *La Cerisaie,* dans laquelle le vieux Firss, qu'on a oublié, reste seul sur scène après le départ de tout le monde.

## DU MÊME AUTEUR

*Aux Éditions Gallimard*

LES PAUVRES PARENTS, nouvelles

SONIETCHKA, roman, prix Médicis Étranger 1996

MÉDÉE ET SES ENFANTS, roman

DE JOYEUSES FUNÉRAILLES, roman

UN SI BEL AMOUR et autres nouvelles

LE CAS DU DOCTEUR KOUKOTSKI, roman

SINCÈREMENT VÔTRE, CHOURIK, roman

MENSONGES DE FEMMES, roman

DANIEL STEIN, INTERPRÈTE, essai

LES SUJETS DE NOTRE TSAR, nouvelles

LE CHAPITEAU VERT, roman

À CONSERVER PRÉCIEUSEMENT, essai

*Aux Éditions Gallimard Jeunesse*

LE MIRACLE DES CHOUX

CONTES RUSSES POUR ENFANTS

*Composition : Entrelignes (64).*
*Achevé d'imprimer*
*par l'Imprimerie Floch*
*à Mayenne, en janvier 2018.*
*Dépôt légal : février 2018.*
*Numéro d'imprimeur : 92182.*

ISBN 978-2-07-078335-9 / Imprimé en France

148510